MAX HEINDEL
Una Biografia

DISCOVERY PUBLISHER

Titolo originale: "Max Heindel, une Biographie"
©2016, Discovery Publisher
All rights reserved.

Per l'edizione italiana:
©2015, Discovery Publisher
Tutti i diritti riservati.

Autore : Corinne Heline
Traduttore [Francese-Italiano] : Ilinca Parii
Editore : Sarah Lasaracina
Con la partecipazione di : Alessandra Cerioli
Caporedattore : Adriano Lucca

DISCOVERY PUBLISHER

dp

616 Corporate Way
Valley Cottage, New York, 10989
www.discoverypublisher.com
libri@discoverypublisher.com
facebook.com/DiscoveryPublisher
twitter.com/DiscoveryPB

New York • Tokyo • Paris • Hong Kong

SOMMARIO

Max Heindel, una Biografia   1

    Introduzione   3

Mount Ecclesia   21

    Conferenza a Mount Ecclesia   23

L'Ordine dei Rosa-Croce e l'Associazione Rosacrociana 33

    L'Ordine dei Rosa-Croce e l'Associazione Rosacrociana   35

Lettere ai Membri   59

    Lettere ai Membri   61

L'Associazione Rosacrociana   65

    L'Associazione Rosacrociana   67

La Sede Mondiale dell'Associazione Rosacrociana   95

    Prima Riunione dei Candidati   97

I Corsi di Max Heindel 101

Amore ed Entusiasmo 103

MAX HEINDEL
Una Biografía

Introduzione

Max Heindel, fondatore della Rosicrucian Fellowship, nacque il 23 luglio 1865, vicino Copenaghen, nella famiglia von Grasshof che, ai tempi di Bismarck, aveva rapporti con la corte tedesca. Il padre di Max Heindel, François-Louis von Grasshof, emigrò da giovane in Danimarca, dove sposò una giovane donna che apparteneva alla nobiltà danese, Anna Witthen. Da questa unione nacquero tre bambini: due maschi e una femmina. Il più grande tra questi, Carl-Louis von Grasshof, adotterà più tardi lo pseudonimo di Max Heindel.

A otto anni, Max Heindel cade mentre tenta di saltare un ruscello, procurandosi una grave lesione alla gamba sinistra che lo costringerà a stare a letto per sedici mesi. I chirurghi, infatti, avevano tolto dalla ferita numerosi frammenti di osso e avevano dovuto inserire diversi tubi di drenaggio perché il pus che vi si formava puntualmente potesse essere eliminato. Per dieci anni Max Heindel ha dovuto utilizzare una scarpa speciale per camminare, finché la gamba non fosse diventata sufficientemente forte, e visto che la ferita non si rimarginava, era costretto a fare una medicazione giorno e notte. Solo una trentina di anni dopo, alla fine dei suoi primi 6 mesi di alimentazione vegetariana, la ferita si cicatrizzò completamente.

All'età di seidici anni, Max Heindel, trovando soffocante la vita a casa, decide di partire per l'Inghilterra e inizia a lavorare nei cantieri navali di Glasgow dove impara il mestiere d'ingegnere. Più tardi, si trasferisce a Liverpool, dove diventa ingegnere capo di una delle più grandi navi della « Cunard Line ».

Nel 1885 sposa Catherine Luetjens Dorothy Wallace. Da questo matrimonio nasceranno quattro figli, tre femmine e un maschio. Ma la loro vita coniugale si concluderà con un divorzio, essendo questa diventata fonte di delusione e di dolore, in seguito al quale Max Heindel decide di partire per gli Stati Uniti per rifarsi una nuova vita.

Max Heindel vive a New York dal 1896 al 1902 esercitandovi la professione d'ingegnere consulente. Sarà un periodo che lo metterà alla prova. La privazione, la fame saranno le sue compagne quotidiane. Il matrimonio che lo aveva unito in questo periodo e che gli darà due femmine e una maschio si concluderà con la morte della sua sposa nel 1905. Cresciuto nella fede luterana, Max Heindel diventa più tardi membro di una Chiesa Quacchera. Nel 1903, lo troviamo a Los Angeles, dove s'interessa agli studi metafisici e diventa membro della Società Teosofica, dove sarà vicepresidente dal 1904 al 1905. Qui incontra Augusta Foss, che lo avvicina all'astrologia e che diventa più tardi, nel 1909, sua moglie e la sua principale collaboratrice.

A quell'epoca cresce in lui il desiderio sempre più forte

di conoscere e di alleviare le cause delle sofferenze fisiche e morali dell'umanità. Con grande gioia, scopre che l'astrologia poteva essere la chiave di lettura della natura interiore dell'uomo.

L'eccessivo affaticamento (Max Heindel lavorava e studiava fino a 16 o addirittura 18 ore al giorno) e le privazioni gli provocarono una grave crisi cardiaca nel 1905 e, durante la sua convalescenza, Max Heindel sarebbe diventato sempre più cosciente della necessità, per gli esseri umani, di scoprire le cause delle loro sofferenze. Egli cominciò così una serie di conferenze sul misticismo cristiano e sull'astrologia, che lo portò fino a Seattle, nello stato di Washington. Era rimasto in contatto con un'amica, Alma von Brandis, che cercava di persuaderlo a recarsi in Germania per incontrare Rudolf Steiner, ma sarà solo nel 1907, dopo un incontro a Dallas, che Max Heindel si lascerà convincere a fare questo viaggio; Alma Von Brandis sarebbe arrivata perfino al punto di regalargli il biglietto della traversata.

È in un testo intitolato «A proposito di Dedica» che figura all'inizio della seconda edizione della «Cosmogonia», che troveremo delle informazioni più specifiche su questo soggiorno di Max Heindel:

«Dall'inizio del mese di novembre 1907 alla fine di marzo 1908, l'autore ha dedicato il suo tempo a esaminare gli insegnamenti del Dott. Steiner, che era stato lontano da Berlino durante quasi tutto questo periodo. Nel corso dell'ultimo di sei incontri personali con il Dott. Steiner, l'autore ha dichiarato che aveva cominciato a scrivere un'opera d'occultismo, una sorta di compendio degli insegnamenti d'Oriente e d'Occidente.» Il Dott. Steiner raccomandò che, laddove fosse fatto uso di qualsiasi insegnamento da lui pubblicato, bisognava menzionarlo in quanto riferimento e fonte d'informazione. Pertanto, l'autore ha ritenuto opportuno dedicare la sua opera al Dott. Steiner.

«Nei mesi di gennaio, febbraio e marzo del 1908, il Fratello Maggiore, che l'autore conosce e venera ora come Istruttore, è venuto più volte, vestito del suo corpo eterico, e gli ha dato delle delucidazioni su diversi quesiti. In aprile e maggio, dopo esser stato, senza rendersene conto, messo alla prova, l'autore fu invitato a presentarsi sul posto in cui si trova il Tempio della Rosacroce.

«È là che ha incontrato nel suo corpo fisico il Fratello Maggiore e dove ha ricevuto la filosofia di grande stile e di sintesi contenuta nella presente opera, la quale, secondo molti antichi studiosi dell'occulto in Inghilterra, sul continente europeo e in America, ingloba tutto ciò che è stato insegnato pubblicamente o esotericamente dal passato, e contiene inoltre molte informazioni che non erano mai state pubblicate prima.

«Questo è il motivo per cui il manoscritto incompiuto citato dal Dott. Steiner è stato distrutto; tuttavia, siccome l'insegnamento ulteriore e più completo confermava in linea di massima quello del Dott. Steiner, egli ha preferito dedicare il libro al Dott. Steiner piuttosto che passare per un plagiatore. Ma il rischio di questa conclusione era minimo perché un plagiatore dà immancabilmente meno rispetto all'autore a cui ruba le idee; e vedremo che questo libro apporterà sempre maggiori informazioni, come ogni volta che le opere attuali sono paragonate all'opera originale.

«Questa dedica è stata dunque un errore (qui di seguito il testo della dedica in questione: «Al mio stimato amico Dott. Rudolf Steiner, in riconoscimento degli insegnamenti ricevuti; e alla mia amica, Dott.ssa Alma von Brandis, per l'inestimabile influenza che ella ha esercitato sulla mia vita e sulla mia crescita spirituale».); lei ha portato delle persone che avevano dato solo un'occhiata a questo libro ad arrivare a capire che vi erano delle nozioni espresse dal Dott. Steiner; e una lettura attenta delle pagine 8 e 9 (dalla fine di pagina 13 all'inizio di pagina 15 nella nuova Cosmogonia violetta) mostrerà che questa dedica non era mai stata destinata a esprimere tale idea. L'autore non sa come esprimere la vera idea di una frase di dedica, così ha deciso di ritirarla, porgendo le sue scuse al Dott. Steiner per ogni fastidio che possono avergli causato delle conclusioni affrettate riguardo alla sua partecipazione alla «Cosmogonia dei Rosacroce».

Quella che era la prova menzionata nel testo sopraccitato,

Max Heindel ce la rivela dicendo che, per due volte a un mese di distanza, colui che è diventato il suo Istruttore gli aveva assicurato che L'Ordine dei Rosacroce aveva delle soluzioni molto più approfondite riguardo all'enigma dell'Universo rispetto a tutti gli insegnamenti pubblicati fino a quel momento, e che gliele avrebbe rivelate volentieri a condizione che lui le tenesse rigorosamente per sé.

Rifiuto categorico e reiterato di Max Heindel: «Se ciò che possedete è buono, è altrettanto buono farlo conoscere al mondo». Ma al secondo, ecco che l'Istruttore si congratula con lui per aver superato questa prova e gli riferisce che era stato osservato per diversi anni come eventuale candidato per la pubblicazione dei suoi insegnamenti, la quale doveva avvenire prima della fine di dicembre del 1909. Egli è invitato a presentarsi al Tempio dei Rosacroce, in un luogo vicino alla frontiera della Boemia. Egli vi soggiorna per più di un mese, rimane in comunicazione diretta con i Fratelli della Rosacroce, che gli illustrano gli insegnamenti contenuti oggi nel libro che egli ha chiamato «Cosmogonia dei Rosacroce» (The Rosicrucian Cosmo-Conception).

Secondo quanto diceva l'Istruttore, la prima stesura dell'opera non era stata che una bozza, e fece sapere a Max Heindel che, una volta di ritorno negli Stati Uniti, egli avrebbe desiderato cambiare il testo. Max Heindel non era d'accordo, ma l'Istruttore mantenne la parola e la nuova stesura di quest'opera monumentale fu cominciata a New York, poi, visto che il caldo era diventato insopportabile, il lavoro fu continuato a nord, a Buffalo, dove il manoscritto fu concluso a settembre del 1908.

Il problema che si poneva adesso era di pubblicare l'opera e di trovare a tal fine i fondi. A causa del caldo estivo, i corsi e le conferenze di Max Heindel non ebbero il successo sperato, tuttavia egli trovò a sud est, a Columbus, nell'Ohio, non solo un terreno migliore per la sua attività, ma anche l'aiuto della signora Rath-Merrill e di sua figlia, che l'assistettero per il disegno degli schemi dell'opera.

Egli restò diversi mesi in questa città, dove le sue conferenze e i suoi corsi ebbero un eco favorevole, ed è proprio qui che egli fondò il primo centro rosacrociano, nel novembre del 1908. Dopo ogni conferenza, egli distribuiva gratuitamente il testo che aveva lui stesso ciclostilato. Ogni giorno percorreva chilometri per affiggere dei manifesti in luoghi dove sarebbero stati visti dai passanti, d'altra parte scriveva degli articoli per giornali e li consegnava ai redattori. Alcuni tra questi erano molto contrari a questi nuovi insegnamenti, ma Max Heindel, che era prima di tutto simpatico, riusciva generalmente a convincerli, ottenendo talvolta una colonna intera che gli dava maggiore pubblico.

Dopo aver fatto tenuto venti conferenze a Columbus, egli si recò a Seattle, dove si era fatto diversi amici nel 1906. Uno di questi amici, William M. Patterson, essendo lui stesso tipografo ed editore, poté non solamente aiutarlo a

consegnare la sua opera a un editore di Chicago, ma riuscì
anche a dargli dei preziosissimi consigli per la sua pubblicazione. Nella città di Seattle, anche le signore Jessie
Brewster ed Kingsmill Commander gli furono di gran
aiuto per la revisione del manoscritto. Ed è proprio là che,
il 10 agosto del 1909, su suggerimento di un gruppo di studenti dei suoi corsi, egli si decise a fondare l'organizzazione
chiamata «The Rosicrucian Fellowship».

Accompagnato dal signor Patterson, Max Heindel prese
il manoscritto della «Cosmogonia» e i testi delle sue venti conferenze a Chicago, dove tutto fu successivamente
stampato (le conferenze sotto forma di brochure da distribuire, il volume che le conteneva è stato pubblicato
solo dopo la sua morte). Ecco come egli descrive la sua
attività a Chicago: «La «Cosmogonia dei Rosacroce»
è stata pubblicata nel novembre del 1909. Alcuni amici
hanno revisionato il manoscritto e compiuto un ammirevo-
ole lavoro, ma io ho dovuto naturalmente rivederlo prima
di consegnarlo allo stampatore. Ho poi riletto e corretto
le prime prove, poi le seconde una volta che le correzioni
erano state fatte. Ho riletto ancora una volta il tutto dopo
la divisione in pagine, dato istruzioni agli incisori per le
figure e al tipografo per la loro successiva collocazione nel
libro, ecc. Mi alzavo alle sei del mattino e lavoravo fino
a tarda notte per tutte queste settimane, nel bel mezzo
di una confusione senza fine con quelli del mestiere e
con l'assordante rumore di Chicago, trovandomi spesso al
limite della mia resistenza nervosa. Sono riuscito tuttavia

a mantenere il mio equilibrio e ad aggiungere diversi altri punti alla «Cosmogonia». Se non avessi avuto l'appoggio dei Fratelli Maggiori, non sarei riuscito nell'impresa, ma era un'opera che apparteneva a loro e pertanto mi hanno sostenuto fino alla fine».

Mentre Max Heindel si trovava a Chicago, la totalità della prima edizione, eccetto qualche centinaio di esemplari conservati a Seattle, era stata depositata presso la direttrice di una casa editrice. Essendo questa indebitata, utilizzò gli esemplari della «Cosmogonia» per liquidare altri editori che erano suoi creditori.

Quando da Seattle è stato convenuto più tardi di far arrivare un nuovo rifornimento di libri, si scoprì che la prima edizione era esaurita e fu necessario ordinarne un'altra, alla quale fu aggiunto un indice di sessanta pagine.

Potremmo pensare che la perdita dei due terzi degli esemplari della «Cosmogonia» potesse rappresentare una tragedia per un promotore poco fortunato, ma non fu così. Al contrario, invece, questa circostanza si rivelò provvidenziale, poiché questa direttrice forniva libri provenienti da grandi case editrici a movimenti d'avanguardia come «Il Nuovo Pensiero» (New Thought), Teosofia, ecc. a cui da anni era associata. Lei aveva proposto loro, come saldo dei suoi debiti, di accettare degli esemplari della «Cosmogonia» che, fino a quel momento, era stata relativamente poco conosciuta. In questo modo aveva creato una richiesta per quest'opera che si rivelò il mezzo di diffusione nel mondo degli insegnamenti dei Rosacroce. Insomma, fu una vera benedizione.

Dopo aver fondato dei centri della Compagnia dei Rosacroce a Columbus, Seattle, Yakima (Washington) e Portland (Oregon), Max Heindel ritornò a Los Angeles nel novembre del 1909 per diffondervi il suo messaggio. Da fine novembre 1909 a metà marzo 1910 tenne dei corsi e delle conferenze (queste ultime tre volte a settimana) con l'aiuto di Augusta Foss, facendo ogni volta il tutto esaurito con migliaia di ascoltatori. A marzo, dovette essere ricoverato di nuovo per problemi cardiaci poiché la sua salute non gli permetteva più di continuare. Durante questo periodo, Augusta Foss lo sostituì ai corsi, trovandosi spesso con 120 studenti di astrologia.

Una volta ristabilitosi, Max Heindel si trasferì nel quartiere di Bunker Hill, vicino al centro di Los Angeles, dove redasse una raccolta delle risposte alle domande poste dai suoi ascoltatori, e le pubblicò con il titolo di « Domande e Risposte » (si tratta del primo volume).

Il 10 agosto 1910 ebbe luogo a Santa Ana (tra Los Angeles e Oceanside) il matrimonio tra Max Heindel e Augusta Foss. Già il giorno seguente egli partiva per una serie di conferenze nel nord del Paese (negli stati dell'Oregon e di Washington), ma dovette ben presto interrompere quest'attività a causa di nuovi problemi cardiaci. Ritornò quindi a Los Angeles, o meglio nei dintorni, a Ocean Park, sulla costa del Pacifico, dove la signora Heindel aveva acquistato un cottage per accoglierlo. Si procurarono una piccola pressa tipografica e iniziarono, a novembre, a spedire delle lezioni ai loro membri, sulla scia del lavoro cominciato a Seattle nel 1909. La signora Heindel avrebbe raccontato più tardi che Max Heindel realizzò nello stesso periodo il manoscritto di un altro libro, «I Misteri rosacrociani», dettando il suo testo a una stenografa mentre camminava avanti e indietro per la stanza.

È sempre in questo periodo che Max Heindel pensò di fondare un centro di guarigione, su suggerimento dell'Istruttore, ma per farlo occorreva che il centro fosse permanente. Nel frattempo, William Patterson, l'amico che l'aveva aiutato a pubblicare la «Cosmogonia» e le venti conferenze, andò a fargli visita con sua moglie e si offrì di aiutarlo a trovare un terreno e di anticipare i fondi necessari. Essi si misero dunque alla ricerca di un posto adatto e la loro scelta ricadde su un'area di una quindicina di ettari a Westwood (a ovest di Hollywood, vicino al luogo in cui si trova ora l'Università di Los Angeles). Fu versato anche un acconto, ma per via del dissenso di alcuni membri di firmare i documenti richiesti, l'acquisto non poté verificarsi.

Tuttavia, i signori Heindel continuavano le loro ricerche e, una domenica mattina, acquistarono dei biglietti per il treno diretto a San Diego, chiedendo di potersi fermare lungo il viaggio a San Juan Capistrano e a Oceanside, ma solo quest'ultima fermata fu concessa.

Ecco come la signora Heindel ci racconta il loro arrivo : «Non c'era nessuno, eccetto un bambino di circa dieci anni, con il viso pieno di lentiggini, che ci accoglie con un grande sorriso dicendo : «Buongiorno! Che cosa cercate ?». Mio marito, a cui piacevano molto i bambini, gli rispose con semplicità : «Vorremmo comprare un terreno ; tu puoi vendercelo ?». Con grande sorpresa, egli si sentì rispondere : «No, io no, però ecco chi può vendervelo», indicando con il dito in direzione di un uomo coi capelli grigi che li raggiungeva attraversando un terreno abbandonato.

«Venimmo così a sapere dal signor Chauncey Hayes che lui era l'unico agente immobiliare di quel paesino e che eravamo stati fortunati a incontrarlo, perché stava per assentarsi per diverse settimane. Dopo aver ascoltato ciò che desideravamo, egli chiamò un signore che si stava sulla porta di una scuderia e gli domandò di portarci al «terreno della cisterna». L'uomo ritornò presto con una carrozza a due posti, trainata da due cavalli vivaci. Circa venti minuti dopo ci trovavamo sul pendio di una collina.

«La vista sulla vallata di San Luis Rey era meravigliosa. Ci trovavamo su una distesa di una quindicina di ettari, dalla vegetazione desertica, composta d'artemisia e di salvia legnosa, senza alcuna traccia di verde. A nord, potevamo intravedere la cima di due cisterne malridotte, che rifornivano di acqua Oceanside. Nonostante le condizioni del terreno stesso, il panorama, sia delle montagne a nord ovest sia dell'oceano a sud ovest, era veramente favoloso.»

Max Heindel, che aveva avuto la visione della nostra futura Sede, ha subito esclamato: «Oh! È qui, è questo il posto!».

È così che fu acquistato il sito della Sede mondiale della Compagnia dei Rosacroce. La prima rata di mille dollari fu versata da William Patterson, mentre i restanti 4000 dollari furono rateizzati annualmente.

Il 28 ottobre ebbe luogo la cerimonia d'inizio dei lavori di costruzione, i cui dettagli vengono forniti ai nostri lettori in questo stesso volume (Lettera N° 12).

Dopo la fondazione della Sede Principale, i signori Heindel, con alcuni devoti sostenitori, s'impegnarono nel progetto di trasformare questo luogo arido in un bel parco verdeggiante e di diffondere gli insegnamenti della Saggezza Occidentale attraverso lettere e lezioni mensili, libri, testi da distribuire e un periodico.

Il lavoro di pioniere non è mai facile, e quello intrapreso da Max Heindel non faceva eccezione. Ma grazie ai suoi sforzi sovrumani e all'aiuto della sua fedele sposa e dei suoi devoti collaboratori, quest'uomo è riuscito, in pochi anni, a creare un centro spirituale da dove verranno diffusi per secoli gli insegnamenti della Nuova era dell'Acquario.

Proprio come ce lo descrivono i primi numeri di «Echi del Monte Ecclesia» (diventato più tardi il Magazine dei «Rays from the Rose-Cross») e secondo coloro che hanno avuto il privilegio di conoscerlo, Max Heindel non trascurava alcun compito per realizzare l'obiettivo che si era prefissato. Lavorava senza tregua per costruire nuovi edifici, per installare l'elettricità prodotta da un generatore che si era procurato, per scavare un pozzo per trovare l'acqua sotto terra e farla salire fino alla cisterna con l'aiuto di una pompa a motore, poiché l'acqua della città si era prosciugata a quell'altitudine. Grazie ai suoi sforzi, alla fine del 1918, accanto ai due edifici originari, erano stati aggiunti una cappella dove venivano celebrate ogni giorno brevi funzioni, una «Caffetteria» (una mensa self-service) per il personale e i visitatori, un ufficio amministrativo con una tipografia, un laboratorio di rilegatura e degli uffici, così come degli appartamenti per ospitare i collaboratori. Era stato creato un lungo viale, dalle linee armoniose, costeggiato da palme che tutt'oggi sono magnifiche, come peraltro il resto del luogo, con i suoi eucalipti, i suoi alberi di pepe del Perù, i suoi arbusti e i suoi fiori.

Durante tutti questi anni, Max Heindel era stato naturalmente molto impegnato a preparare le lettere e le lezioni mensili per i suoi studenti, a scrivere articoli per il «Magazine», a tenere corsi di filosofia e di astrologia. A novembre del 1918, poco prima della sua scomparsa, una delle sue lettere agli studenti ci informa della pubblicazione di 60 effemeridi astrologici, dal 1860, i cui calcoli hanno richiesto un anno di un duro lavoro; ma anche di una Tavola delle Case e, con la collaborazione della signora Heindel, del volume «Il Messaggio degli Astri», che completa l'«Astrologia Scientifica Semplificata», opera scritta nel 1909 e conclusa più tardi con un «Vocabolario astrologico filosofico».

Quei libri che non sono stati menzionati in questa biografia sono stati pubblicati dopo la sua morte; si tratta sopratutto di lezioni mensili per gli studenti e degli altri scritti apparsi sul «Rays», ecc.

Durante gli otto anni successivi alla creazione della Sede di Monte Ecclesia del 1911, il sovraffaticamento costante di Max Heindel ha inevitabilmente compromesso la sua condizione fisica. Avendo sofferto per anni di problemi circolatori e cardiaci, forse sapeva che il suo tempo era limitato e che sarebbe presto giunta l'ora in cui avrebbe continuato l'opera nell'aldilà.

Lunedì 6 gennaio 1919, alle ore 20.25, questo fedele messaggero dei Fratelli della Rosacroce è stato chiamato al mondo invisibile. Il mattino di quel giorno, egli sembrava più felice del solito, tuttavia la sera, mentre parlava alla moglie di una lettera che aveva scritto, si accasciò lentamente a terra dicendole ancora «All is well, dear» (Va tutto bene, cara).

Non potremmo concludere al meglio queste righe se non

riportando la testimonianza della signora Corinne Heline, che ha avuto la fortuna di collaborare con lui per cinque anni: «Penso che il signor Heindel sia stato l'esempio migliore che io abbia mai conosciuto per quanto riguarda l'equilibrio tra l'aspetto mistico e quello pratico della vita. Era semplice e umile e aveva la capacità di adempiere con grazia e gioia ai bisogni più ordinari. In caso di necessità scendeva nella stalla a mungere la mucca, oppure radunava uno sciame di api. Saliva su un traliccio per riparare un cavo elettrico, piantava alberi, zappava l'orto, raccoglieva la verdura. Faceva tutto questo con la stessa dedizione e lo stesso entusiasmo che aveva nel recarsi in ufficio o nella classe in cui teneva le lezioni o all'uditorio per condividere le sue conoscenze e la sua saggezza».

MOUNT ECCLESIA

Conferenza a Mount Ecclesia

Questo testo proviene da una conferenza di Corinne Heline, tenuta a Mount Ecclesia il 23 luglio 1965, in occasione della commemorazione del centenario della nascita di Max Heindel.

Cari amici, oggi il mio cuore è pieno di gioia perché ho l'opportunità di essere con voi per commemorare quest'occasione e rendere il mio modesto omaggio al nostro amato Max Heindel. Vorrei raccontarvi com'è avvenuto il mio primo incontro con questo straordinario uomo e per farlo dovrò prima brevemente parlarvi della mia vita personale. Spero me lo perdonerete.

Avrete probabilmente sentito dire che sono nata e cresciuta nel profondo Sud. Ero figlia unica e i miei primi anni di vita furono riempiti di adorazione nei confronti della mia incantevole madre. Era sempre la mia bella e meravigliosa principessa. Tuttavia era molto debole di salute e, durante la mia infanzia, temevo l'arrivo del giorno in cui lei sarebbe scomparsa. Decisi a quel tempo che se mi fosse stata portata via, io avrei messo fine alla mia vita e per partire con lei.

Vedete, a quell'epoca non avevo alcuna conoscenza della Rinascita e della Legge di Causa-Effetto. Ero alla ricerca della luce e di risposte a domande che neanche riuscivo a formulare. Dunque non sapevo dove cominciare a cercare. Come voi ben sapete, il sud è profondamente ortodosso e conservatore. Comunque, sapevo che da qualche parte c'era una risposta ai quesiti sulla vita e sulla morte, una risposta migliore rispetto a quella data dalla religione ortodossa, ed ero determinata a trovarla.

In quel periodo la salute di mia madre peggiorava sempre più ed io temevo puntualmente di perderla. Qualche mese prima della fase finale della malattia, un'amica mi chiamò al telefono per dirmi che aveva trovato un nuovo favoloso libro che, lei ne era sicura, conteneva esattamente ciò che cercavo. La raggiunsi a casa nel pomeriggio e, come avete capito, scoprii che si trattava del libro della Cosmogonia.

Quando vidi l'emblema dei Rosacroce e lessi che attraverso le nostre vite personali avremmo potuto imparare a trasformare le rose rosse in rose bianche, capii di aver finalmente trovato la mia strada. La sera stessa, prima di andare a letto, il mio modulo d'ordine per questa preziosa opera era nella cassetta delle lettere diretto ad Oceanside. Contai i giorni fino all'arrivo del libro e, quando lo ricevetti, il dottore mi aveva appena comunicato che mia madre avrebbe dovuto sottoporsi ad un importante intervento. Quindi, ho vissuto ogni giorno con questo libro. Dormivo tenendolo sotto il cuscino perché, inspiegabilmente, sembrava l'unico sostegno che il mondo intero riuscisse a offrirmi. Dopo l'operazione di mia madre, il dottore dichiarò che non c'era alcuna speranza di salvarla e che le sarebbe rimasto solo qualche mese di vita. Avevo sempre con me il mio libro adorato. Poi un giorno, improvvisamente, mi venne in testa una nuova idea. Avrei dovuto porre fine alla mia vita e partire con mia madre come avevo sempre pensato, o sarei dovuta andare a Oceanside per consacrare la mia vita all'opera di Max Heindel?

La domanda conteneva la risposta. La mia decisione fu presa e, dieci giorni dopo il decesso di mia madre, con la Cosmogonia sotto il braccio, salii su un treno diretto in California, da Max Heindel. Mi sembrava che fosse l'unica persona al mondo che potesse alleviare il mio dolore. Oh! Vorrei potervelo descrivere esattamente come lo vidi il primo giorno, qui al Mount Ecclesia!

Mi venne incontro con le braccia aperte e la sua dolce espressione che trasmetteva tenerezza, compressione e compassione. Ora però, capite bene, non avevo mai avuto un contatto personale con lui. Lo conoscevo solamente attraverso il suo libro, quindi potrete immaginare il mio stupore e la mia sorpresa quando egli prese le mie mani nelle sue e mi ha disse così dolcemente: «Bambina mia, sono stato accanto a voi giorno e notte attraverso le difficoltà che avete superato. Sapevo che quando questa sarebbe finita voi sareste venuta a cercarmi. Ora fate definitivamente parte del mio lavoro.»

Cari amici, quello fu un giorno memorabile nella mia

vita. Fu il giorno in cui mi consacrai totalmente alla vita
spirituale e alla filosofia rosacrociana. Durante cinque anni
meravigliosi, ho avuto il privilegio di conoscere quest'uomo
saggio, di studiare e d'essere istruita sotto la sua guida. Per
cinque anni ho avuto il privilegio di studiare ed essere for-
mata dalla guida e dalla supervisione di un uomo così saggio. Ho sempre pensato che questi siano stati i cinque anni
più belli e più spiritualmente proficui di tutta la mia vita.

Vorrei essere capace di descrivere quest'uomo meraviglioso così come l'ho conosciuto io. Quando penso alle
sue innumerevoli belle qualità, penso che quella che am-
miravo di più in lui fosse la profonda umiltà. Egli aveva il
desiderio costante di aiutare e di dare una mano ovunque
fosse possibile, ma manteneva sempre fermamente la personalità di Max Heindel in secondo piano.

Osservando la grande semplicità della sua vita, ho spesso
pensato alle parole di Nostro Signore, Gesù Cristo : « Io
non faccio nulla da me stesso, ma come mi ha insegnato il
Padre così io parlo. « Penso, cari amici, che Max Heindel
rappresentasse la più perfetta armonia tra l'aspetto mistico e l'uomo pratico che io abbia mai incontrato. Egli era
così semplice e umile. Egli svolgeva con buona volontà i
compiti più ingrati e modesti. Era capace di andare nella
stalla e di mungere la mucca se necessario perché, sapete,
all'epoca avevamo una stalla e una mucca, qui a Mount
Ecclesia.

Egli si occupava dell'alveare, perché avevamo anche delle api. Si arrampicava sui tralicci del telefono per sistemare un filo rotto. Piantava gli alberi, zappava l'orto e raccoglieva i legumi. Egli faceva tutte queste cose semplici con la stessa cura e lo stesso entusiasmo con cui lavorava nel suo ufficio, quando faceva dei corsi o teneva delle conferenze per diffondere maggiormente le sue grandi conoscenze, o forse ancora, con lo stesso stato d'animo che aveva quando incontrava l'Insegnante che lo guidava nella sua grande opera.

Il sabato sera era solito organizzare una riunione di «domande e risposte» nella biblioteca. C'era un tavolo grande lungo quanto la stanza e gli studenti ci si sedevano attorno mentre Max Heindel sedeva ad un'estremità per rispondere ai loro quesiti. Ogni studente poteva fare una domanda, mettendola per iscritto, poi Max Heindel le raccoglieva per rispondere ad ognuna. Osservandolo scrupolosamente, notai che indovinava sempre a intuito a chi appartenesse una domanda e di conseguenza si rivolgeva sempre a questa persona. In qualunque occasione in cui ho assistito a queste sue memorabili sedute, egli non si è mai sbagliato sull'identità di chi aveva posto la domanda. Era sempre chiaro e preciso e non abbandonava mai un soggetto prima di essere sicuro che la persona a cui rispondeva fosse pienamente soddisfatta.

Fu a seguito di questi proficui incontri che capii l'importanza del colore e della musica per la preparazione del mondo in vista della Nuova Era.

Max Heindel aveva annunciato che un'ora sarebbe stata dedicata a queste sedute di domande e risposte. Tuttavia, molto spesso, quest'ora si prolungava e la seduta durava due ore, due ore e mezza o talvolta tre ore. Tali momenti erano così interessanti che il tempo sembrava volar via sulle ali della meraviglia.

Cari amici, vorrei riuscire a spiegarvi cosa rappresentasse il Mount Ecclesia per Max Heindel. Quanto amava quel posto! Conosceva l'eccezionale destino riservato all'opera che stava compiendosi in quelle mura. A quell'epoca, sotto la luminosa Rosa-Croce che s'innalzava nel parco c'era una panchina. Egli aveva l'abitudine, ogni sera prima di andare a dormire, di sedarcisi per alcuni minuti, talvolta un'ora, a pregare e a meditare, diffondendo l'amore e benedicendo questa terra santa e coloro che la abitavano lavorando così onestamente. Vorrei potervi descrivere la luce che illuminava il suo caro viso quando osservava con pieno rispetto e devozione la Rosa-Croce, che significava tanto per lui.

Non si stancava mai di raccontarci le cose meravigliose che aveva in serbo per il Mount Ecclesia. Parlava spesso della Panacea, la formula di cui i Fratelli della Rosa-Croce sono i guardiani, che i discepoli più degni potranno un giorno utilizzare per guarire e sollevare il dolore alla gente che verrà da tutto il mondo fino a questo luogo sacro. Egli ci parlava del suo sogno di costruire un bel teatro greco nel canyon, al di sotto della Cappella, in cui sarebbero state rappresentate opere teatrali portatrici di messaggi spirituali e di verità occulte al pari delle grandi opere di Shakespeare e delle tante tragedie classiche ed esse ispirate. Non vedeva l'ora in cui il Mount Ecclesia avrebbe avuto la sua magnifica orchestra composta da studenti permanenti. Questa orchestra avrebbe eseguito nel teatro le opere dei maestri compositori, in particolare quelle di Beethoven e di Wagner, che egli considerava i più grandi tra i musicisti. Egli avrebbe voluto anche che un giorno fossero stati tenuti corsi di preparazione all'educazione musicale.

Max Heindel amava parlare dei Fratelli Maggiori e spiegare come, studiando la Memoria della Natura essi avessero potuto prevedere tempo addietro l'attuale condizione del mondo. Ed è per questo motivo che, come sapete, essi hanno restituito al mondo la Filosofia Rosacrociana. Cari amici, oggi l'anima del mondo è malata, addolorata e sofferente per via di tutte quelle domande che rimangono senza risposta. Quello che il mondo cerca veramente è una scienza più spirituale e una religione più scientifica. La Filosofia Rosacrociana ha una soluzione a questa ricerca. Questa Filosofia non è altro che la continuazione del grande Insegnamento portato dal Nostro Signore Gesù Cristo sulla Terra e affidato ai dodici Apostoli immortali. Essa contiene in sé il dono inestimabile che ci ha fatto il Cristo, ovvero l'Iniziazione Cristiana, che rappresenta il cuore della futura religione dell'Era dell'Acquario. Max Heindel l'aveva perfettamente capito.

Conosceva il grandioso destino riservato alla sua opera e di conseguenza non si lasciava mai scoraggiare dalle difficoltà. Teneva sempre il suo sguardo puntato alle stelle.

Cari amici è un eccezionale privilegio per noi essere i prosecutori di questa Grande Opera, così come essere i guardiani di questo luogo benedetto, deputato dai Grandi ad essere un luogo speciale d'esercizio per tutti coloro che, abili a superare le prove più difficili, saranno degni d'essere riconosciuti tra i pionieri della Nuova Era.

Così, miei cari amici, seguiamo le tracce di Max Heindel. Siamo uniti nella pace, nell'armonia e nell'amore, affinché possiamo adempiere la nostra parte di dovere, al quale la nostra benamata guida ha consacrato e sacrificato fino alla fine la sua vita. Come lui stesso diceva, volgiamo tutti gli occhi verso le stelle. Affrontiamo questo mondo sotto una nuova luce, con una nuova energia e con una nuova speranza, perché è solo in questa maniera che riusciremo nella nostra ricerca e potremo realizzare il glorioso destino di questa Grande Opera. Questo è il fondamento della religione che sarà l'anima e la chiave di volta della nuova Era dell'Acquario. Possa Dio benedirvi tutti lungo tutto il vostro cammino verso l'Eterna Illuminazione.

L'ORDINE DEI ROSA-CROCE E L'ASSOCIAZIONE ROSACROCIANA

L'Ordine dei Rosa-Croce e l'Associazione Rosacrociana

Da molti anni amici insistono affinché io metta per iscritto le memorie legate a Max Heindel, ai miei ricordi circa la nostra intima collaborazione e alla nascita e la formazione dell'Associazione Rosacrociana. Prima le costanti pressioni, il rapido sviluppo del movimento e il lavoro di pioniere in materia assorbivano quasi la totalità del mio tempo Adesso, invece, dopo essermi trasferita nel mio nuovo cottage, posso finalmente accettare la sfida. L'ambiente è cosi piacevole, le vibrazioni sono così armoniose e così pure che i pensieri scorrono liberamente e riesco a metterli nero su bianco.

In quest'opera ripercorrerò la storia della mia associazione con Max Heindel sin dalla sua origine. Ciò metterà in evidenza la mia persona; questo però è inevitabile, perché i due forti ego, conosciuti sotto i nomi di Max Heindel e Augusta Foss Heindel, sono così strettamente legati che sarebbe vano voler riportare la storia di uno escludendo quella dell'altro.

Durante l'autunno del 1901, la scrittrice lavorava tra il personale di sala durante una conferenza tenuta dall'ex leader teosofo C.W. Leadbeater a Blanchard Hall di Los

Angeles, in California. In quell'occasione, accompagnò
gentiluomo al suo posto. L'indomani pomeriggio, mentre
aiutava la bibliotecaria a occuparsi dei visitatori presso la
sede della Società Teosofica, lo stesso gentiluomo entrò
nella stanza e chiese in prestito il libro scritto dal professore che aveva ascoltato il giorno prima. Dopo un breve
dialogo, la scrittrice si rese conto di essere vicina di quel
signore, pertanto lo invitò a far visita a lei e alla sua anziana madre. Alla prima visita ne seguirono diverse altre
e fece, così i due cominciarono a studiare insieme dando
inizio ad una bell'amicizia. Max Heindel divenne grande
amico di mia madre, trascorrendo con lei diverse ore a
parlare dei vecchi filosofi, essendo lei una grande lettrice.

Max Heindel divenne membro della Loggia Teosofica
di Los Angeles e fu uno dei più entusiasti ammiratori
di Madame Blavatsky e della sua Dottrina Segreta. Egli
non era comunque del tutto soddisfatto degli insegnamenti orientali ed era sempre alla ricerca di una filosofia
cristiana. Presto fu eletto vice presidente della Loggia.
Durante i tre anni in cui fu in carica, alcuni membri della
Loggia s'interessarono all'astrologia. Max Heindel era
uno di questi e anche la scrittrice (studentessa da diversi
anni) partecipava ai loro studi degli astri. Prima di allora
i membri della Loggia erano ostili all'astrologia e solo la
signora Foss se ne interessava. In poco tempo Max Heindel
divenne molto competente in materia, afferrando arguta-
mente e rapidamente il lato matematico di questa scienza.

Nel corso dell'estate del 1905 egli si ammalò gravemente e per mesi fu in punto di morte per via di un'insufficienza cardiaca. Dopo questa malattia, egli si ritirò dalla Loggia Teosofica e, nell'aprile del 1906, decise di partire per il nord del paese. Arrivò a San Francisco il mattino del 17 aprile, ma si sentì a disagio e qualcosa lo spinse a partire immediatamente per Seattle, e così fece. Il 18 aprile 1906 San Francisco fu devastata da un terremoto e un incendio.

Dopo esser arrivato a Seattle cominciò a tenere corsi sull'astrologia, il Rinascimento, etc., ma la sua salute ben presto riprese a vacillare. Egli trascorse nuovamente del tempo in ospedale, ma la sua volontà irremovibile gli impedì di diventare malato cronico. Contro il parere del suo medico egli riprese a tenere conferenze e ad insegnare. Diede dei corsi a Portland in Oregon, Seattle e Yakima a Washington, Duluth in Minnesota, ed ebbe molto successo.

A quell'epoca, una delle sue amiche che viaggiava in Germania aveva ottenuto un contatto con il Dott. Rudolph Steiner per i cui insegnamenti nutriva una grande ammirazione. Nelle sue lettere lei insisteva perché Max Heindel la raggiungesse in Germania per poter ascoltare il dottore. Max Heindel, però, era molto soddisfatto del suo lavoro a Nord del paese, ed inoltre non disponeva dei mezzi finanziari necessari ad intraprendere un tale viaggio. La sua amica però, ci teneva talmente tanto che tornò in America per convincerlo di persona a farsi riaccompag-

nare in Germania per incontrare il professore. Lei si offrì
di pagargli il biglietto per il viaggio e lo convinse alla fine
ad interrompere i corsi e partire per la Germania.

Il viaggio ebbe luogo nell'autunno del 1907. Dopo aver
assistito a diversi corsi e conferenze del Dottor Steiner,
Max Heindel ne rimase deluso e cominciò a spazientirsi
in quanto conosceva già ciò che veniva spiegato. Quelle
nozioni non erano molto diverse da ciò che egli già sapeva. Quando lo riferì alla sua amica, questa ne rimase talmente ferita che la loro amicizia finì. Egli ritornò nella
sua camera, triste e abbattuto al pensiero di aver lasciato
un lavoro proficuo in America per venire in Europa solamente per non trovare nulla di quello che stava cercando.
Così, cominciò subito a preparare il suo ritorno in America.

In quel momento l'Istruttore, un Fratello Maggiore
dell'Ordine della Rosa-Croce, uno dei Gerofanti dei
Misteri, gli si presentò e si offrì di dargli le conoscenze
che cercava, a condizione però che lui le tenesse segrete.
Max Heindel da anni cercava e pregava per poter trovare qualcosa che alleviasse la fame spirituale del mondo.
Conoscendo le accese aspirazioni del suo cuore egli non
poté promettere nulla al Fratello Maggiore e rifiutò di ricevere degli insegnamenti che non avrebbe potuto trasmettere ai suoi fratelli spiritualmente affamati. L'Istruttore
allora lo abbandonò.

Immaginate come si sentirebbe un uomo a digiuno da

tempo a vedersi offrire e, prima ancora che riuscisse a mangiarlo, negare un pezzo di pane. Max Heindel viveva la stessa condizione. La sua delusione era enorme. Aveva fatto un viaggio lunghissimo per incontrare l'uomo che, secondo la sua amica, possedeva un tesoro di nuove conoscenze occidentali da rivelargli. Ma la sua amica si era sbagliata.

Dopo la partenza dell'Istruttore rimase seduto e sconfortato per diverse ore. Visse dei giorni di grande tristezza sapendo di dover far ritorno in America per riprendere ciò che aveva lasciato in sospeso e sentendo di aver sprecato tempo e denaro. Più tardi, l'Istruttore si ripresentò di nuovo nella sua stanza e gli disse che aveva passato con successo la sua prova: se avesse davvero accettato l'offerta di tener segreti i suoi insegnamenti lui, il Fratello Maggiore, non sarebbe mai ritornato. Egli disse anche, che il candidato che avevano scelto per primo e seguito per anni, aveva fallito nella stessa prova nel 1905. Quell'occasione era servita ad attirare Max Heindel a Berlino e la sua amica era stata utilizzata per convincerlo a farlo. Egli apprese anche di esser stato sotto osservazione dei Fratelli Maggiori per diversi anni, essendo considerato il miglior candidato a sostituire il primo in caso di fallimento. Gli fu anche detto che gli insegnamenti sarebbero stati diffusi al pubblico prima della fine del primo decennio del secolo, che si concludeva a dicembre del 1910. Nel corso di quest'ultimo incontro con l'Istruttore egli ricevette delle indicazioni su come raggiungere il Tempio della Rosa-Croce. Max Heindel trascorse più di un mese in quel tempio, in cui fu istruito personalmente dai Fratelli Maggiori, che gli trasmetterono gran parte degli insegnamenti contenuti nella Cosmogonia dei Rosa-Croce.

Max Heindel aveva sempre sognato potersi legare ad un ordine umanitario, ma non aveva mai desiderato diventare un dirigente. Tuttavia, se crediamo al linguaggio degli astri e consultiamo il suo oroscopo, vedremo che il suo Ascendente è sul sesto grado del Leone e che il Sole, la Luna, Mercurio e la Parte della Fortuna sono in congiunzione con l'Ascendente o situati in prima casa. Egli era nato per condurre e non per seguire, perché il suo intelletto e la sua personalità facevano di lui un leader.

Max Heindel non aveva una natura dominatrice e non cercava di anteporsi agli altri, ma fu sempre considerato un uomo colto e meritevole di fiducia. Ovviamente, persone del genere sono sempre destinate a ricoprire ruoli di responsabilità e di direzione. Il Sole e la Luna in congiunzione con l'Ascendente lo predisponevano ad esser sempre in prima linea. Inoltre la buona posizione di Venere nella casa dell'amicizia, lo portava sempre ad avere amici affidabili, leali e di supporto. . Venere indica in particolare le amicizie femminili e, a tal proposito, possiamo ricordare il caso dell'amica, che insistì a lungo affinché egli raggiungesse la Germania dove inaspettatamente egli entroò in contatto con i Fratelli Maggiori della Rosa-Croce.

Il più grande handicap di Max Heindel era il suo fisico

debole ed instabile. All'età di otto anni, egli ebbe un incidente alla gamba sinistra giocando con altri bambini mentre andava scuola. La città di Copenaghen, in Danimarca, era caratterizzata da numerosi fiumi che scorrevano nei canali o fossi, utilizzati per trasportare l'acqua nelle diverse parti della città. I ragazzi saltavano i fossi che a tratti erano molto larghi e il giovane Max, saltandone uno, cadde pesantemente col tallone in avanti che gli causò un dolore atroce. Andò a scuola anche se in ritardo e restò seduto con il piede dolorante tutta la giornata. Continuò a soffrire per tutta la notte, ma ebbe il coraggio di parlarne a sua madre perché il giorno prima, il giorno dell'incidente, i ragazzi erano in procinto di marinare la scuola. Il giorno dopo egli svenne in classe e fu necessario tagliargli la scarpa per liberare il piede gonfio.

Trascorse così sei mesi all'interno di un ospedale di Copenaghen. Gli vennero fatti tre fori nell'osso della gamba al di sotto del ginocchio e gli furono rimossi diversi vasi sanguini, cosa che compromise la sua circolazione. Di conseguenza quando raggiunse la vecchiaia, dopo una vita molto attiva e di duro lavoro, il cuore divenne incapace di resistere alle tensioni e a lungo andare una valvola polmonare cominciò a non funzionare. Ovviamente la sofferenza era forte e costante e, dopo qualche mese, il corpo si ribellò e lo costrinse a stare a letto. Così, in seguito a giri estenuanti per tenere conferenze e corsi per conto dell'Associazione, egli finì a letto. Ben sistemato in mezzo ai cuscini, armato di penna e fogli per scrivere ap-

poggiato su una scatola, egli scrisse allora lettere e lezioni
mensili fortemente attese dai numerosi studenti e candidati del mondo intero.

Quando giunse al Tempio della Rosa-Croce, come gli
avevano indicato, rimase particolarmente sorpreso perché
l'idea che si era fatto di quell'edificio era di una costruzione bella e imponente, ma la realtà mostrava tutt'altro.
Fu introdotto in quella che fu presentata come la modesta e spaziosa dimora di un gentiluomo di campagna, un
edificio che nessuno avrebbe preso per la Sede mondiale
di un antico e potente gruppo di mistici. Centinaia di
curiosi, uomini e donne, hanno attraversato la Germania
alla ricerca di questa costruzione. Come Max Heindel,
anche loro pensavano di trovare un Tempio grandioso.
È tuttavia ciò che scoprì quando i suoi occhi si aprirono
alla percezione del Tempio spirituale che compenetrava e
avvolgeva la struttura fisica.

È là, come abbiamo già detto, che egli ricevette dai Fratelli
Maggiori gli insegnamenti contenuti nel meraviglioso libro
che doveva essere il manuale di base dell'Associazione che
egli era chiamato a creare: La Compagnia dei Rosacrociani.
Una volta arrivato nel vivissimo ambiente americano gli
fu anche detto che le 350 pagine o più del manoscritto
dovevano sarebbero dovute essere riscritte ed ampliate.
Max Heindel ne dubitava, era rimasto così entusiasmato
da ciò che aveva appreso dai Fratelli Maggiori che non immaginava di poterlo riscrivere. Tuttavia fu così. Egli arrivò

a New York con pochissimo denaro ma con tanto entusiasmo e s'installò in una piccola stanza all'ultimo piano di una casa in affitto. Egli stava seduto a lavorare durante le calde giornate estive dalla mattina presto fino alla tarda sera, senza neppure prendersi il tempo di mangiare correttamente per restare in buona salute. Comprava una scatola di biscotti e, con la bottiglia di latte che il lattaio lasciava sulla sua porta, questo era il suo pasto fino a quando la sera tardi non usciva per passeggiare e procurarsi il suo unico vero pasto della giornata.

Disponendo di poco denaro, dopo qualche settimana di caldo intenso, lasciò New York per andare a Buffalo, dove cercò di tenere delle conferenze con l'obiettivo di sopperire alle sue spese. Lì non ottenne risultati incoraggianti, si diresse quindi Columbus, in Ohio, dove invece venne accolto molto bene. Egli riuscì a suscitare interesse e a ottenere l'aiuto di cui aveva bisogno per finire il suo libro. Lì tenne la sua prima conferenza la sera del 14 novembre 1908. Un'artista, la signora Mary Rath Merrill e sua figlia gli proposero amabilmente di disegnargli i quadri necessari a spiegare meglio alcuni passaggi del libro.

È a Columbus che Max Heindel comprò una fotocopiatrice d'occasione per riprodurre le venti conferenze del Cristianesimo della Rosa-Croce. Trascorreva intere ore a lavorare fino a tarda notte per creare copie da distribuire agli spettatori alla fine di ogni conferenza. È sempre a Columbus che riuscì a costituire un gruppo Rosacrociano

che continuò a diffondere i suoi insegnamenti anche dopo
la sua partenza per Seattle. L'unico desiderio di Max
Heindel era quello di poter far stampare il suo libro, La
Cosmogonia dei Rosa-Croce, ma le poche donazioni che
gli erano state fatte da quelli che assistevano alle sue conferenze gli erano sufficienti solo per permettersi di soprav-
vivere e pagare l'affitto di una stanza modesta. Alla fine
riuscì a mettere da parte abbastanza denaro per comprare il
biglietto del treno per Seattle, ma prese un treno di giorno
perché non poteva permettersi una cuccetta. Egli aveva
una cara amica a Portland, la signora Mildred Kyle alla
quale inviava periodicamente il manoscritto del libro che
stava scrivendo. Lei provava una grande ammirazione per
questa meravigliosa opera e cominciò ad utilizzare i suoi
insegnamenti durante i suoi corsi. Aveva anche assunto due
persone specializzate nella correzione perché l'aiutassero
nella revisione e correzione delle parti di manoscritto che
man mano riceveva. Fu lei che incoraggiò Max Heindel
a ritornare sulla Costa Ovest del paese. Gli promise anche che quando egli avrebbe concluso definitivamente il
manoscritto, avrebbe premuto affinché una decina di sue
amiche gli offrissero un centinaio di dollari per stampare
la notevole opera.

William Patterson fu un altro amico di Max Heindel.
Dopo aver letto il manoscritto, la prima cosa che pensò
fu che il contenuto fosse troppo innovativo per la gente
dell'epoca. Egli consigliò a Heindel di rinviare la pubblicazione dialmeno una ventina di anni affinché il mondo

fosse stato pronto a ricevere tali conoscenze. Ma quando apprese dei progetti di Portland, egli stesso si offrì subito di pagare la stampa e chiese a Max Heindel di accompagnarlo a Chicago, dove sarebbe stato stampato il libro. I due restarono lì per un po' di tempo, mentre la M. A. Donehue & Co stampava i primi duemila esemplari della prima edizione.

Tuttavia, prima che il testo potesse essere consegnato alla stampa fu necessario che il manoscritto fosse riscritto a macchina, essendo per altro scritto in quattro colori diversi da coloro che avevano contribuito amabilmente alla sua preparazione. Jessie Brewster e Kingsmill Commander eseguirono un importante lavoro per conferire uniformità al testo. Max Heindel riscrisse per intero a macchina le 536 pagine del meraviglioso libro. Più tardi furono aggiunte delle appendici in più. Egli creò un indice per tema per permettere ai lettori di studiare sistematicamente ciascun argomento. Sia la prima che la seconda copia stampata di quest'imponente pubblicazione furono scritte da Max Heindel su una piccola vecchia macchina da scrivere di marca Blickensderfer.

La stampa dei due mila esemplari della prima edizione della Cosmogonia dei Rosa-Croce fu completata nel novembre del 1909 e, per disporre di un centro di distribuzione, i libri furono affidati ad una signora che dirigeva una casa editrice teosofica a Chicago. Questa si offrì di rispondere a tutti gli ordini che le sarebbero arrivati. Gli esemplari della prima e della seconda edizione della nostra importante opera furono venduti al modico prezzo di un dollaro. Il libro suscitò il fervente interesse di alcune case editrici dell'Est del paese e ben presto arrivarono svariate richieste. Max Heindel, che aveva un cuore grande, ripose tutta la sua fiducia in quella donna. Per lui fino a prova contraria ogni persona, uomo o donna che fosse, era da considerarsi onesta, ma dovette ricredersi. Dopo sei mesi dalla pubblicazione egli scoprì che, nonostante fosse stato informato della vendita di sole cinquecentomila copie, la prima edizione risultava in realtà interamente esaurita.

Purtroppo apprese solo successivamente che la signora a cui aveva lasciato le sue opere era indebitata con tutti gli editori che le avevano affidato i loro libri. Quando fu costretta a pagare i suoi numerosi debiti, lei offrì degli esemplari della Cosmogonia dei Rosa-Croce per sopperire agli obblighi. Pertanto, quando Max Heindel ricevette degli ordini provenienti da Chicago, nel nord-ovest dell'America, lei non fu capace di rispondere alla sua richiesta.

Fu necessario allora stabilire d'urgenza una nuova ristampa, ma il suo finanziamento rappresentava una grande problema. L'autore fu in grado di versare una piccola somma per permettere di coprire le prime rate di questa seconda edizione. La perdita dei libri, all'inizio considerata una catastrofe, non tardò a mostrare i suoi effetti positivi. Gli editori che avevano infatti accettato questi libri come pagamento dei debiti della signora vi ci s'interessarono e iniziarono a venderli. Fu un'occasione perfetta per aumentare la fama del libro e farlo conoscere al pubblico in maniera più rapida rispetto a quanto Max Heindel avrebbe potuto fare con le sue conferenze e il suo esiguo seguito di studenti. Così il vento contrario tornò ad essere favorevole.

Quando Max Heindel finì il suo lavoro con il tipografo di Chicago, tenne una serie di conferenze e diede dei corsi a Seattle, a North Yakima (Washington) e a Portland (Oregon) dove trovò terreno fertile e raccolse numerosi seguaci. Si ridedicò allora alla prima edizione dell'Astrologia Scientifica Semplificata (1910), un opuscolo di quaranta pagine. Ma il suo cuore desiderava tornare nel sud della California dove era entrato in contatto con l'occulto per la prima volta.

Durante i tre anni in cui aveva lavorato per la Teosofia a Los Angeles aveva coltivato diverse amicizie, in particolare quella con Augusta Foss, sua grande amica e compagna di studi. Egli tornò a Los Angeles agli inizi di novembre 1909 ed i suoi passi lo condussero direttamente alla casa della sua amica e della sua cara e anziana madre, che egli aveva imparato ad amare come fosse sua madre. Per due anni era stato lontano dai suoi amici, interrompendo con loro ogni contatto, ed essi non immaginavano minimamente chi lui avesse incontrato e quale lavoro letterario avesse compiuto nel frattempo.

Anche Augusta Foss aveva passato due anni intensi. Uno degli ostacoli che dovette superare fu una grave malattia, una polmonite acuta per la quale rischiò di morire e che l'indebolì rendendo i suoi polmoni delicatissimi. La donna, dunque, dovette interrompere la sua affiliazione con la Società Teosofica, in quanto diventò impossibile per lei uscire di sera all'aria aperta. Tuttavia, quando il suo amico Max Heindel annunciò la sua intenzione di tenere conferenze a Los Angeles, Augusta Foss non badò ai consigli di sua madre e offrì aiuto a Max Heindel per quel progetto.

Cominciò allora un periodo di scrittura e di conferenze molto dinamico. Max Heindel tenne conferenze in sale colme di più di ottocento persone per tre sere a settimana, mentre nei giorni restanti impartiva lezioni di filosofia e d'astrologia. La sua prima classe d'astrologia a Los Angeles era composta di centoventicinque allievi. Un gruppo molto entusiasta costituì un Centro Rosacrociano in cui furono formati degli insegnanti perché l'opera di Max Heindel potesse continuare ad esser diffusa anche dopo. Tempo addietro, comunque, Heindel promise ai suoi amici di Seattle e di Portland che sarebbe ritornato da loro una volta completato il suo lavoro a Los Angeles.

Per risparmiare sul prezzi alti degli annunci sui giornali e per fare il massimo della pubblicità alle sue conferenze Max Heindel acquistò centinaia di cartoncini di 25 x 20 centimetri sui quali stampò il luogo, la data e il titolo delle sue sedute. Così egli usciva con questi volantini, portando in tasca una scatola di chiodi e un martello. Percorreva chilometri e attaccava i suoi volantini in luoghi in cui potevano attirare l'attenzione del pubblico. A quanto pare questo si rivelò un metodo efficace, in quanto alle sue conferenze le sale furono sempre gremite di gente. Ciò avvenne soprattutto dopo la sua prima conferenza, quando i suoi assistenti riuscirono ad invitare più gente di quanto la sala potesse contenerne. Egli dovette allora distribuire alla gente in eccedenza dei biglietti numerati per garantirle un posto sicuro alla conferenza successiva

Non posso non rendere partecipe il lettore del prodigioso cambiamento notai in Max Heindel in seguito al suo incontro con i Fratelli Maggiori della Rosa-Croce e dopo i suoi due anni d'assenza da Los Angeles.

Io studiavo astrologia da circa quattro anni quando convinsi Max Heindel a credere a quest'antica scienza. Un giorno, mentre si trovava un pomeriggio da me, mi chiese se il suo oroscopo dicesse che sarebbe diventato un oratore. A quell'epoca, egli parlava con un accento danese molto forte e io pensavo che ciò potesse rappresentare un problema. Io gli risposi che sarebbe sicuramente potuto diventare un bravissimo scrittore, ma che le conferenze non erano il suo forte. Successivamente constatai il cambiamento che era avvenuto in lui dopo i due anni di viaggi e d'insegnamento e, assistendo alle sue conferenze così piene d'ispirazione, rimasi sorpresa. Ma la cosa più straordinaria era che dopo ogni conferenza lui rispondeva facilmente alle domande più complesse e più specifiche. Una sera, dopo una conferenza durante la quale aveva risposto a domande molto difficili, gli chiesi da dove proveniva tutta quella conoscenza. Egli sorrise e disse : « Ebbene ! Io dico solo quello che mi detta il mio Io superiore ».

Secondo un vecchio proverbio, «l'uomo propone, Dio dispone». Max Heindel ne diede la dimostrazione. La sera di mercoledì 1 luglio 1910, egli tenne il suo ultimo corso d'astrologia a Los Angeles. Egli aveva lasciato la sua classe di filosofia la sera precedente nelle mani della signora Clara Giddings, una cara amica con la quale aveva lavorato tempo prima nella stessa città. Quel mercoledì sera, egli annunciò che Augusta Foss avrebbe diretto la classe d'astrologia, spiegando che la sua esperienza nel campo avrebbe aiutato a dare continuità ai corsi.

Ma fu in quel momento che il destino manifestò la sua volontà di trattenere Max Heindel a Los Angeles fino al termine di un altro episodio saliente della sua storia. I suoi piani furono tutti cambiati perché l'indomani, al mattino del 2 luglio egli fu colpito gravemente da un'insufficienza cardiaca di una gravità tale da non far presagire ai medici alcuna possibilità di guarigione. All'Angelus Hospital di Los Angeles si occuparono id lui tre medici. Pensando che fosse incosciente essi, deliberarono sulla sua condizione e furono d'accordo nel dire che egli non avrebbe passato la notte seguente. Max Heindel era in realtà cosciente e sentì i medici parlare della sua fine. Realizzando di essere stato scelto dai Fratelli Maggiori per trasmettere il loro meraviglioso messaggio al mondo e prendendo atto della sua responsabilità, decise che la sua ora non sarebbe arrivata quel giorno e che avrebbe smentito i medici.

L'indomani fu una bella giornata di sole, una perfetta giornata californiana. La sua amica Augusta Foss andò a trovarlo nel pomeriggio verso le due ed egli le chiese di accompagnarlo per una passeggiata in sedia a rotelle sul prato, quattro piani più giù. I due sedettero all'ombra di due bellissimi alberi di magnolia quando i medici passarono davanti a loro. Essi impallidirono, quasi avessero visto un fantasma: con estremo stupore constatarono che il loro paziente sorrideva ed era in via di guarigione.

Tre giorni più tardi, Max Heindel mi telefonò per domandarmi se potessi trovargli una stanza da affittare nei paraggi di casa mia. Così fu e, quattro giorno dopo essere stato in fin di vita, egli poté già affermare di sentirsi veramente bene. Salì le scale fino alla sua stanza e più tardi raggiunse le signore Foss per pranzare con loro. Le sorprese dicendo loro di essere in procinto di scrivere un altro libro, un'opera composta da una raccolta di domande e risposte che avrebbero spiegato numerosi problemi della vita.

La sua idea era quella di avvalersi di uno stenografo e di dettargli il suo libro nella sede dell'Associazione Rosacrociana di Los Angeles. Ma quando egli vi ritornò, la gente ne fu così contenta che in alcun luogo egli riuscì a trovare la calma per lavorare sul libro. Pertanto il libro fu dettato a casa della signora Foss ma, essendo la sua stanza orientata verso la strada, la il suo vigoroso timbro di voce attirava spesso una folla di gente sui marciapiedi. I passanti si stupivano alla vista di un uomo discorrere mentre misurava a grandi passi la stanza con in mano un foglio con una domanda scritta da qualcuno che aveva assistito a una delle sue conferenze. Egli rispondeva a queste domande in maniera spontanea, senza un attimo d'esitazione. Mia madre, ormai anziana, era una delle sue più appassionate ascoltatrici e diceva sempre che in tutta la sua vita non aveva mai incontrato un uomo che possedesse una più fervida elasticità mentale.

Questo libro, «The Rosicrucian Philosophy in Questions and Answers»[1], pubblicato nel 1910, è una vera miniera d'informazioni. Spiega la Bibbia meglio di qualsiasi altro libro. Max Heindel lavorò su quest'opera per qualche tempo, la sua presenza fu nuovamente richiesta a nord del paese, così decise d'imbarcarsi su una nave con destinazione Seattle. Poté acquistare il biglietto, ma dovette aspettare per avere una cuccetta visto che tutte erano già state prenotate. Fu il destino a dare origine a quel ritardo e la vita di Max Heindel era nelle sue mani. Si stava infatti verificando un'interessante movimento planetario; una progres sione di Venere sulla sua Luna radicale all'Ascendente fece sì che i due amici e studenti, che avevano condiviso per più di nove anni le loro conoscenze esoteriche, convolassero a

---

1 Domande e risposte della Filosofia Rosacrociana. (N.d.r.)

nozze, destinati a sancire tra loro un legame spirituale indissolubile. Temevo di lasciare da sola mia madre anziana, che all'età di 84 anni aveva già avuto un leggero attacco epilettico. Così, il matrimonio fu segretamente celebrato il 10 agosto 1910 a Santa Ana, in California, nella speranza che mia madre non temesse di perdere la figlia che le aveva tenuto compagnia e che si era presa cura di lei per tanti anni. Max Heindel partì per Seattle, in Washington, all'indomani della cerimonia, ma la signora Heindel restò a Los Angeles per adempiere ai suoi doveri nei confronti di sua madre. Dopo aver detto addio a mio marito, che partiva in nave, salii su un autobus per ritornare a Los Angeles. Cominciai allora a realizzare ciò che mi stava accadendo, ero diventata la moglie di una persona famosa, il cui lavoro era intrecciato al mio. Mi fermai davanti ad un negozio che vendeva macchine da scrivere, entrai e chiesi se potessero spedirne una a casa, scegliendo una *Underwood* d'occasione. L'indomani mi sedetti davanti alla macchina per imparare ad usarla. Senza sapere neppure da dove cominciare, scrissi la mia prima lettera al suo caro sposo, ma qualcosa non funzionava. Capii che mi avevano spedito una macchina da scrivere difettata sbagliata perché non riuscivo a trovare le lettere maiuscole neanche dopo una minuziosa ricerca. Scrissi tuttavia la lettera, non permettendo che una macchina interferisse nella scrittura di quella lettera così speciale, la prima che scrivevo al mio caro marito, col quale condivisi i miei problemi con la mancanza di lettere maiuscole su quella macchina.

Questa è bella! La sua risposta alla mia lettera arrivò
l'indomani per posta prioritaria perché egli aveva ricevuto
la mia lettera scendendo dalla nave. Aveva sicuramente
riso, ma le sue spiegazioni mi permisero di trovare le terribili LETTERE MAIUSCOLE. I miei sforzi per imparare a dattilografare si rivelarono molto utili e, quando
Max Heindel tornò a sud gravemente malato, potei farmi
carico delle sue corrispondenze portando avanti il lavoro
di mio marito nonostante la sua malattia. Max Heindel
non aveva mai parlato del suo matrimonio all'Istruttore e,
occupando la cabina sulla nave che lo portava verso il nord,
si domandò se egli potesse dissentire. L'Istruttore fortu-
natamente lo accolse e lo salutò con un sorriso. Gli disse
che Augusta Foss era stata per diversi anni sotto la loro
supervisione e guida, senza che lei lo sapesse, e che questo
matrimonio sarebbe stato spiritualmente proficuo. Inoltre,
egli sottolineò che il matrimonio avrebbe sicuramente
avuto effetti positivi sulla sua salute, grazie alla protezione
che l'anima di Augusta Foss gli avrebbe portato. La signora
Augusta Foss Heindel divenne da quel momento la rap-
presentante dell'Associazione Rosacrociana meridionale.

Max Heindel era intenzionato a viaggiare verso il nord
del paese, per poi dirigersi ad est, ma il destino volle diversamente. Dopo aver tenuto delle conferenze a Seattle
e North Yakima a Washington e a Portland in Oregon
per circa sei settimane, il suo cuore si rifiutò nuovamente
di funzionare e dovette abbandonare la sua tournée di
conferenze per riposarsi. Diversamente dall'inizio, adesso

aveva qualcuno che poteva prendersi cura di lui ; Augusta Foss sistemò uno dei suoi piccoli bungalow sulla spiaggia a Ocean Park per accogliere suo marito malato. Affidai mia madre alle cure di mia sorella. Mia madre comprese la situazione ed accettò volentieri di condividere sua figlia con il suo meraviglioso genero che, malato, aveva bisogno di cure e che lei aveva imparato ad amare come fosse suo figlio.

La minuscola abitazione, composta da tre piccole stanze, fu trasformata e preparata per accogliere Max Heindel. Le tempistiche furono molto fortunate, perché quando Max Heindel varcò la porta egli svenne malato e in fin di vita. La signora Heindel rimase al suo capezzale per tre mesi, giorno e notte. Lui pagava il prezzo della notorietà. Il «pubblico» ammira queste personalità eminenti ma è molto esigente e arriva talvolta ad ucciderle.

Adesso il pubblico poteva raggiungerlo solo attraverso una cassetta delle lettere e l e nostre due anime furono libere di approfittare di un po' d'intimità. Fu una luna di miele bizzarra ma bella perché l'obiettivo comune era ancora quello di realizzare una grande opera.

Despite Max Heindel's illness, he couldn't stop working. When he was in Seattle he had bought a small printing-press to copy the letters typed on the typewriter. It worked by pushing a handle after having placed and positioned the print characters as with a printing-press. When the printing-press arrived it was set up by the delivery man from the delivery company. After, Augusta was taught how to use it while she sat close to her sick husband's bed. She was a fast learner but her biggest problem was assembling the characters since they needed to be put in reverse order for what was printed on the paper to be legible. Augusta placed the chassis (the frame in which the characters were to be inserted) on a chair next to the bed and began her first assembling lessons. She learnt how to insert the characters in the chassis and carried it to the small kitchen to put it in the printing-press. All that was left to do was to adjust the ribbon since the printing-press was old enough to need a ribbon.Nonostante la sua malattia Max Heindel non smise di lavorare. Quando fu a Seattle, aveva acquistato una piccola pressa tipografica, destinata a riprodurre le lettere scritte a macchina. Questa funzionava schiacciando una leva, dopo aver sistemato e fissato i caratteri mobili come si fa su una pressa. Quando la macchina fu consegnata, fu preparata all'uso dallo stesso fattorino. In seguito imparai ad utilizzarla stando seduta accanto al letto di mio marito malato. Ero una buona allieva, ma il mio più grande problema era sistemare i caratteri, che dovevano essere posizionati al contrario perché la stampa sul foglio risultasse ben orientata. Sistemai il telaio (il quadro in cui devono essere inseriti i caratteri) su una sedia accanto al letto e ricevetti le mie prime lezioni di composizione. Imparai a introdurre i caratteri nel telaio per poi portarlo nella piccola cucina e inserirlo nella pressa. Non le mancava che sistemare il nastro per macchina, perché la pressa tipografica era così vecchia che ne richiedeva l'utilizzo.

Adesso era tutto pronto, ma che pasticcio! Alla prima manovra della leva i caratteri che non era stati ben incastrati nel telaio caddero. Gli studenti che ricevettero le prime lezioni inviate nel novembre del 1910 poterono constatare che la stampa su un lato della lettera era più scura rispetto all'altro. Possiedo ancora qualcuna di quelle stampe e ricordo i miei primi faticosi sforzi per diffondere quei meravigliosi insegnamenti.

Prima della partenza di Max Heindel per il sud del paese, il segretario del Centro di Seattle A. E. Partrige inviò la seguente lettera agli amici di Colombo (Ohio), Seattle e Yakima (Washington), Duluth (Minnesota), Portland (Oregon) e Los Angeles (California) e a tutti quelli che erano sulla lista dei corrispondenti di Max Heindel. Nella lettera egli annunciava che Max Heindel avrebbe cominciato un corso per corrispondenza e avrebbe fondato una Sede Centrale permanente a Ocean Park (California), Casella Postale 866.

LETTERE AI MEMBRI

Lettere ai Membri

Il 20 novembre 1910.

Caro Amico.

Siamo sul punto di dare una svolta alle attività dell'Associazione Rosacrociana. Si tratterà d'impegnarsi a soddisfare un bisogno chiedi molti dei nostri studenti avvertono da lungo tempo, in particolare da quelli che vivono distanti dai nostri Centri di Studi.

Nel corso dello scorso anno, abbiamo pubblicato una notevole quantità di letteratura, una letteratura accolta benevolmente e richiesta a tal punto da aver già avviato i lavori di preparazione della terza edizione della Cosmogonia dei Rosa-Croce. Tuttavia, dato il vivissimo interesse suscitato dalla nostra letteratura nel pubblico, numerosi studenti hanno espresso il desiderio di stabilire un contatto più stretto e personale con Max Heindel. Tali

richieste sono state accolte positivamente ed
è già in corso un progetto per soddisfarle.
M. Heindel ridurrà notevolmente la sua
attività oratoria e dedicherà più tempo
alla corrispondenza gli studiosi degli
insegnamenti rosacrociani e con coloro
i quali cercano di vivere secondo tali
insegnamenti.

Perché possa al meglio aiutarli, alcune
lettere saranno indirizzate direttamente agli
«Studenti», ai «Candidati» e ai «Discepoli».

Dato l'interesse dimostratoci, certi della
vostra posizione a riguardo, vi offriamo
l'opportunità di inserire il vostro nome
tra quelli registrati sulla lista dei
corrispondenti di Max Heindel. Se dunque
lo desiderate, riempite la domanda che segue
ed inviatela al Segretario Generale, P.O.
Box 1802 Seattle, Washington. Riceverete
a tempo debito la prima lettera e a scadenze
più sporadiche le successive. A seconda dei
casi, potrete ricevere più lettere al mese o, al
contrario, non riceverne alcuna. A seconda
dei casi, potrete ricevere più lettere al mese
o, al contrario, non riceverne alcuna per lo
stesso arco di tempo.

L'ASSOCIAZIONE ROSACROCIANA

L'Associazione Rosacrociana

La risposta degli studenti fu positiva e le lezioni poterono cominciare sin da subito. Ma il lettore si fermi un istante a realizzare ciò che tutto questo potesse rappresentare per una donna sola con un uomo malato a suo carico: bisognava preparargli i pasti, fargli il letto, pulire le stanze, far funzionare la macchina a stampa, compilare le lettere ed inviarle ai diversi alle diverse categorie di membri e rispondere alle numerose lettere degli studenti che chiedevano l'aiuto di Max Heindel per risolvere i loro problemi. Infine doveva anche trasportare le lettere alla posta, distante sei isolati da casa sua. Fatto questo, quando non doveva alzarsi per curare suo marito, sofferente ma determinato, quella donna si coricava la sera con testa, braccia e piedi così doloranti che si rigirava nel letto quasi tutta la notte. Egli faceva tutto ciò che era in suo potere nonostante il suo handicap fisico e non si lamentava mai. L'unica cosa che lo faceva star male era vedere sua moglie, che amava tanto, portare questo pesante fardello.

È grazie a tutti quegli sforzi che la Sede Centrale fu creata nel novembre 1910. Essa aveva l'obiettivo di calmare la fame delle anime di tutto il mondo, in qualsiasi contesto e in tutte le lingue. Questi due individui così fortemente impegnati non sapevano ancora quali risultati avrebbe dato il loro amato e devoto lavoro, ma perseveravano per

mettere al mondo un'eredità meravigliosa : L'Associazione
Rosacrociana, che Max Heindel soleva spesso definire la
loro figlia spirituale.

Un medico, chiamato all'epoca per esaminare Max
Heindel, mi disse che egli non avrebbe raggiunto la fine
dell'anno seguente, ma mi rifiutai di credere a quella scor-
aggiante affermazione. Sentivo nel mio cuore che, pren-
dendomi cura di lui, avrei potuto tenerlo in vita fino al
compimento del suo lavoro. Avevo fiducia nei Fratelli
Maggiori, sapevo che questa malattia rappresentava una
lezione di vita per una grande anima che riceveva una
nuova iniziazione, la terza. Una persona dotata di tale
dinamismo ed ambizione doveva varcare le porte dell'altro
mondo prima di essere investita della più suprema conoscenza. Egli aveva già ricevuto due iniziazioni nel corso
delle sue precedenti malattie e pensai che i Fratelli gli
avrebbero restituito la salute anche questa volta, se lui
avesse saputo accogliere il massimo insegnamento.

Per circa tre mesi egli soffrì di quel problema cardiaco, ma
arrivò il giorno in cui poté indossare la vestaglia, sedersi e
scrivere le sue lettere. Tuttavia non era soddisfatto, voleva
fare qualcosa di veramente produttivo, quindi raccolse le
forze pensò di scrivere il suo quinto libro. Assunse uno
stenografo a cui dettare ogni giorno il trattato elemen-
tare di Filosofia Rosacrociana : « I Misteri Rosacrociani ».
Ancora una volta si trattava di un'opera che non aveva bisogno di preparare. Gli bastò camminare su e giù per la

stanza e dettare allo stenografo. Così, il libro fu pubblicato nel 1911. Fino a quel giorno nessuno ad Ocean Park sapeva chi fosse Max Heindel, ma il dettato a voce alta poteva essere ascoltato dai passanti per strada o dai vicini di casa Dopo aver letto la Cosmogonia dei Rosa-Croce, questi ultimi divennero più socievoli. Ad ogni modo non era il caso di rendere visita ai propri vicini, vista l'urgenza di terminare il lavoro. Il dettato del libro non durò molto, ma lavorare ad un manoscritto o a delle lezioni con cui diffondere i suoi insegnamenti, rese ancora una volta Max Heindel l'uomo più felice del mondo.

Dopo circa tre mesi la sua salute migliorò ed egli poté nuovamente occuparsi del lavoro del Padre.

Nessuno andava più a trovare Max Heindel e sua moglie ma un caro e vecchio amico di Max Heindel, William Patterson di Seattle, l'uomo che aveva aiutato finanziariamente a pubblicare la Cosmogonia e le venti conferenze del Cristianesimo della Rosa-Croce, soggiornò ad Ocean Park con sua moglie. All'epoca egli era Segretario provvisorio dell'Associazione e consigliò vivamente ad Heindel d'acquistare un terreno per stabilirvi un giorno la futura Sede Centrale, per la quale avrebbe contribuito finanziariamente. Dopo diverse ricerche, grazie all'aiuto di un intermediario di un'agenzia riuscirono a trovare un appezzamento di quaranta acri (16 ettari). Il terreno era situato su una collina a Westwood, un posto alla moda, vicino a quella che è oggi la città del cinema di Hollywood. Il signor Patterson propose di destinare dieci acri alla Sede Centrale e di dare un anticipo per i trenta acri restanti che sarebbero poi stati venduto ai membri dell'Associazione.

Tuttavia non si rivelò essere il posto giusto in quanto dopo che furono versati i primi cento dollari d'acconto fu necessario ottenere la firma di tre eredi di questo terreno che però non erano lì presenti. Nel contempo, in seguito al nostro versamento iniziarono a diffondersi voci circa la costruzione di un edificio nelle vicinanze di Westwood. Di conseguenza il prezzo del terreno vicino fu raddoppiato. Quando gli eredi del terreno, che vivevano negli ad est del paese, vennero a sapere dell'innalzamento dei prezzi si rifiutarono di firmare l'atto di vendita. Hollywood ai tempi era soltanto un piccolo borgo di Los Angeles, ma ci siamo spesso domandati se i Fratelli immaginassero già cosa il futuro avesse in serbo per quel piccolo villaggio, diventato ad oggi la capitale mondiale del cinema.

Furono riprese le ricerche per trovare uno spazio per la Sede Centrale e si decise di raggiungere con discrezione la città vicina e di procurarsi un terreno mantenendo l'incognito. Attraversando la città di Oceanside, qualche anno prima, ero rimasta colpita dai begli alberi e dal suo bell'ambiente. Ancora oggi quelle immagini vivono nella mia memoria, spingendomi a ritornare in quei posti.

La prova che il destino abbia contribuito alla scelta della città e del luogo esatto in cui queste due anime avrebbero compiuto la loro opera la si trova nelle circostanze che li condussero a destinazione. Dopo aver comprato il biglietto di andata e ritorno per un viaggio turistico a San Diego, i due viaggiatori fecero richiesta di fermata a San Juan Capistrano, dove si trovava una vecchia missione, e ad Oceanside. La Compagnia gli accordò una sola fermata, a Oceanside. Scesero quindi dal treno una domenica mattina e non videro nessuno eccetto i lavoratori della ferrovia. Furono presto avvicinati da un ragazzino lentigginoso di circa dieci anni di nome Tommy Draper.

« Ciao! Che cosa volete? « disse sorridendo.

Max Heindel aveva un debole per i bambini e rispose che voleva comprare del terreno. Gliene poteva vendere lui?

Con sua grande sorpresa, il ragazzino puntò il dito verso un uomo dai capelli grigi che attraversava la strada desolata e disse: « Ecco l'uomo che può vendervene. »

Quando il signor Chauncey Hayes, che era il solo agente immobiliare di quel piccolo villaggio, apprese ciò che desideravamo fare, fece segno con la mano ad un uomo che si trovava poco più lontano, davanti ad una scuderia a noleggio. L'uomo si avvicinò e il signor Hayes chiese al signor Couts di condurci alla « terra delle cisterne ».

Qualche minuto dopo, questo signore arrivò con due bei cavalli imbrigliati ad una carrozza a due posti. Venti

minuti più tardi arrivammo in cima ad una collina da cui
si godeva della magnifica vista della vallata di San Luis
Rey. Ci trovavamo su un campo di quaranta acri spoglio e
privo della minima traccia di verde ; a nordovest si vedeva
la parte superiore -ovest le cime delle terribili orribili cisterne che portavano l'acqua alla città di Oceanside.

Queste cisterne erano collocate sull'appezzamento di
quaranta acri a cui puntavano gli Heindel. Nonostante
le cisterne e l'ambiente spoglio, però, si godeva di una
vista sul meraviglioso panorama delle montagne a nor-
dest e dell'oceano a sudovest (esattamente come Max
Heindel l'aveva spesso descritto secondo le indicazioni
dell'Istruttore). Max Heindel esclamò subito : « Oh, è questo il posto ! » Così quel campo deserto di proprietà della
Banca di Oceanside, che da venticinque anni aveva atteso
il suo destino, finì per diventare la Sede Internazionale
dell'Associazione Rosacrociana. Un luogo di grande bellezza in cui prendersi cura dello spirito e del corpo.

Dopo aver dato il consenso per l'acquisto dei quaranta
acri, i viaggiatori decisero di passare la notte a San Diego ;
Max Heindel, però, era così entusiasta della sua scoperta
che fremeva per trovare un banchiere e versare un acconto
per il terreno. Convincerlo a rimandare l'appuntamento al
lunedì mattina fu un'impresa impossibile : Max Heindel
temeva che qualcuno potesse all'improvviso presentarsi per
acquistare il terreno, nonostante esso fosse stato messo in
vendita dalla Banca di Oceanside venticinque anni prima,

senza aver mai trovato degli acquirenti.

Nel 1886 la California conobbe un grande boom, chiamato il «Paper Boom» (il Boom di Carta), perché molti beni immobiliari cambiarono di proprietà «sulla carta» ma non nella vita reale, in quanto l'ondata del boom si estinse nell'arco di soli due anni. Gli acquirenti, dunque, versarono solo gli acconti degli acquisti. Il terreno che decidemmo di comprare era uno di quei beni immobiliari facenti parte del boom, per il quale le strade erano state tracciate ma nessuna casa era stata effettivamente costruita e la Banca aveva recuperato il terreno a causa dei contratti non pagati. Oceanside era un luogo arido ed era impossibile venderne i terreni a causa della mancanza d'acqua. Tutto quanto il distretto era immerso nella desolazione. Mi resi subito conto della nostra scelta e pensai che a nessuno sarebbe venuto in mente d'acquistare nulla in quel paese arido e abbandonato, dove non c'era neanche mercato per vendere ciò che la terra poteva produrre.

Prendemmo il treno del pomeriggio per San Diego e convinsi Max Heindel ad andare al cinema per concludere la serata. Durante lo spettacolo Max Heindel sussurrò: «Mi chiedo se il terreno sarà ancora in vendita.» O ancora «Se avessimo versato un acconto per questo terreno, saremmo stati sicuri di esserne i proprietari.»

Il lunedì mattina i viaggiatori presero il primo treno per Oceanside e versarono cento dollari per trattenere il terreno affinché l'atto di vendita fosse stabilito. Max Heindel, infatti, aveva promesso al suo amico William Patterson che avrebbe contribuito all'acquisto del terreno, che fu definitivo il 3 maggio 1911 alle 15:30, quando William Patterson versò i primi mille dollari e regolarizzò l'atto d'acquisto.

A settembre del 1911 Max Heindel e sua moglie fecero una tournée lungo la Costa Ovest del paese. Max Heindel diede delle conferenze a San Francisco e a Sacramento, a Portland, a Seattle e a North Yakima. Egli fu felice di annunciare dal palco che l'Associazione aveva comprato una parte di terreno a Oceanside per stabilirvi la sua Sede permanente e che William Patterson, che aveva così gentilmente finanziato la stampa della prima edizione della Cosmogonia dei Rosa-Croce, aveva ancora una volta mostrato la sua generosità offrendosi di versare i primi mille dollari per l'acquisto dei quaranta acri di terra. La somma restante di quattro mila dollari sarebbe stata colmata con versamenti periodici annuali.

Il denaro necessario a finanziare la costruzione degli edifici non era ancora stato trovato. All'inizio pensammo che, considerate le nostre modeste risorse, avremmo sicuramente dovuto aspettare qualche anno prima di poter iniziare a costruire. Ma un'opera così importante come l'Associazione Rosacrociana non poteva essere rallentata nella sua espansione per una mera questione di qualche migliaio di dollari. Il destino allora intervenne affinché la costruzione potesse cominciare. Un mese dopo il nostro ritorno dalla tournée nel Nord del paese, ci si presentò un'occasione imperdibile. Il piccolo bungalow che in quel momento osptava la Sede dell'Associazione Rosacrociana apparteneva alla signora Heindel da diversi anni ed assieme ad un altro che si trovava dietro al terreno aveva rappresentato per lei un'elevata fonte di reddito.

Un giorno, mentre Max Heindel si trovava a Los Angeles, a circa trenta chilometri da Ocean Park, l'autrice ricevetti in visita tre persone, due donne ed un uomo, invaghite del mio piccolo cottage e desiderose di acquistarlo. All'inizio non ero sicura di venderlo, perché non sapevo dove avrei potuto conservare i numerosi libri e manoscritti che avevo accumulato durante gli undici mesi che avevo passato in quel posto. Oltretutto, non volevo accettare quella proposta senza averne prima parlato con Max Heindel. L'offerta era così allettante e così al di sopra del valore stimato per la proprietà, che chiesi del tempo per riflettere fino al ritorno di mio marito. Meno di un'ora più tardi questi varcò la porta e le sue prime parole furono : « Ebbene, hai ricevuto un'offerta d'acquisto, quali sono le condizioni ? » Quando apprese dell'interessantissima somma offerta, dsse : « Mia cara, ecco la grande occasione che aspettavamo, questa ci permetterà di costruire ad Oceanside.»

La vendita fu conclusa. Gli acquirenti pagarono la somma di due mila dollari in contanti ed il resto fu oggetto di un credito immobiliare. Visto che dovevamo consegnare l'alloggio ai nuovi proprietari in dieci giorni, con l'aiuto della signora Ruth E. Beach di Portland e della signora Rachel M. Cunningham di Los Angeles cominciammo subito ad imballare la nostra roba e a prepararci per partire per Oceanside. Nel frattempo Max Heindel si recò ad Oceanside per affittare una casa dove potessimo vivere durante il periodo necessario a costruire il nuovo edificio.

Il mattino del 27 ottobre del 1911 fummo pronti a traslocare. Le due signore che ci aiutavano avrebbero preso il treno per Oceanside; il signor e la signora Heindel avrebbero fatto il tragitto in macchina, in una piccola Franklin a due posti che Max Heindel aveva acquistato d'occasione con una parte dei soldi provenienti dalla vendita della casa, per la modesta cifra di trecento dollari. Il posteriore della macchina era interamente pieno di valige e di macchine a scrivere e, alle cinque del mattino, il signor e la signora Heindel furono pronti a partire.

Mentre giungevano a Whittier, a circa cinquanta chilometri da Ocean Park, si abbatté su di loro una terribile tempesta. La macchina era un modello scoperto ma io nostri due viaggiatori ebbero la fortuna di trovare rifugio sotto una palma dalle grandi foglie e, quando la tempesta si calmò, si rimisero in viaggio. Era quasi mezzogiorno e si resero conto con dispiacere che la strada tra Whittier e Fullerton era stata recentemente modificata e non eveva alcuna deviazione. Così, furono costretti ad attraversare con la macchina molto carica un terreno molle, diventato anche fangoso per via della piogge torrenziali. Percorsero diversi chilometri con molta difficoltà e improvvisamente Bedalia (che era il nome che Max Heindel aveva dato alla macchina) si rifiutò di continuare. Non ne volle sapere niente, fu impossibile farla ripartire.

Max Heindel fu costretto a camminare per un chilometro e mezzo fino alla prima fattoria che aveva incontrato; lì chiese aiuto per farsi accompagnare fino a Fullerton. Dovevano essere a Oceanside il giorno stesso, in quanto diversi invitati avrebbero presenziato alla cerimonia del «primo scavo» per l'edificazione della sede centrale, che si sarebbe tenuta il giorno seguente alle 12:40.

Cosa sarebbe successo se non avessero preso il treno successivo che si fermava a Fullerton alle 14:45? Bedalia fu attaccata alla grande macchina del fattore e i nostri due viaggiatori furono scortati fino a Fullerton. Al loro arrivo ebbero giusto il tempo di lasciare la vecchia macchina in un garage prima di precipitarsi a prendere il treno in partenza. Riuscite ad immaginare che cosa significasse una giornata così difficile per un uomo che aveva la valvola del cuore instabile? Una volta seduto sul treno, con il suo meraviglioso ottimismo, Max Heindel indicò attraverso la finestra uno splendido doppio arcobaleno: «Guarda, è ciò che il futuro ci riserva, nonostante tutti questi problemi.» Arrivarono a Oceanside al calare della notte e si rifugiarono in una piccola casa a quattro stanze e poco ammobiliata. C'erano delle brandine e il pavimento era coperto con della stuoia.

La casa era rimasta inabitata per diverso tempo e ovviamente le pulci e i topi se ne erano impossessati.

L'indomani fu un giorno memorabile per l'Associazione. Il treno di mezzogiorno arrivò trasportando quattro fra i nostri membri più devoti: il signor William Patterson di Seattle (Washington), il signor George Crammer di Pittsburgh (Pennsylvania), il signor John Adams e il signor Rudolph Miller, membri attivi del Centro Rosacrociano di Los Angeles; la signora Anne R. Attwood arrivò invece da San Diego. Questi, assieme alla signora Ruth Beach, alla signora Rachel Cunnigham ed al signor e alla signora Heindel, per un totale di nove anime, attraversarono le terre spoglie su due carri trainati da cavalli, dispensati dalle vecchie scuderie a noleggio del paesino di seicento abitanti che era Oceanside. Le automobili laggiù erano cosa rara e il piccolo gruppo partì con quegli umili mezzi di trasporto per compiere quella che sarebbe stata considerata più tardi una cerimonia tra le più importanti; essa consisteva nel rivoltare la prima zolla di terra, erigere una croce e piantare un cespuglio di rose che rappresentassero fulcro della grande opera.

Stava per essere fondata una Sede Internazionale la cui fama sarebbe cresciuta e avrebbe raggiunto il mondo intero. Il Monte Ecclesia nacque su un terreno arido e polveroso dove non si vedeva né albero né un briciolo di verde. Fu portata da Ocean Park una croce nera con iscritte le lettere C-R-C sui rami superiori, assieme ad una pala per scavare la terra. Il discorso per l'occasione fu pronunciato da Max Heindel davanti alle nove persone presenti fisicamente e i tre Fratelli Maggiori presenti spiritualmente. (La descrizione delle persone presenti è data da Max Heindel nel suo discorso.)

Il Cristo disse: «Dove sono due o tre riuniti nel mio nome, io sono in mezzo a loro.» E, come ogni volta che s'esprimeva, questa enunciazione era la manifestazione della più profonda saggezza divina. Essa infatti riposa su una legge della natura immutabile come Dio Stesso. Quando i pensieri di due o tre persone sono concentrati su un determinato oggetto o su un determinato essere, una potente forma di pensiero viene prodotta in quanto espressione definita di ciò che essi pensano, ed essa viene immediatamente proiettata verso il suo obiettivo. Il risultato dipenderà dall'affinità tra il pensiero e colui che lo riceve. Ciò sarà simile alla risposta di un diapason alle vibrazioni di un altro strumento della stesso tono.

Se invece vengono proiettati dei pensieri e delle preghiere di natura negativa, solo le creature cattive ed egoiste vi risponderanno. Queste tipologie di preghiere non possono arrivare a Cristo, così come l'acqua non può risalire una collina. Essi gravitano verso demoni ed elementi che rimangono totalmente impassibili dinanzi alle alte aspirazioni generate da coloro che si riuniscono nel nome di Cristo.

Così, noi che siamo oggi qui riuniti per la fondazione della Sede Direttrice di un'Associazione Cristiana possiamo essere sicuri del fatto che, come la gravità attira le pietre verso il centro della Terra, così l'entusiasmo delle nostre aspirazioni condivise attirerà l'attenzione del fondatore della nostra fede : il Cristo, che così ci accompagnerà. Così come dei diapason identici vibrano all'unisono, certamente il capo augusto dell'Ordine Rosacrociano (Cristiano Rosa-Croce) assisterà a questa manifestazione, nel corso della quale sarà fondata la Sede dell'Associazione Rosacrociana. Il Fratello Maggiore che ha ispirato questo movimento è presente e visibile almeno a qualcuno fra noi. Dodici persone sono presenti a questa importante cerimonia e profondamente interessate al suo svolgimento. Tra questi dodici, numero perfetto, contiamo tre capi invisibili che hanno superato lo stadio dell'umanità ordinaria e nove membri dell'Associazione Rosacrociana. Nove è il numero di Adamo o dell'Uomo. E tra questi nove, cinque, numero dispari e maschile sono uomini e quattro, numero pari e femminile, sono donne. Il numero tre, quello dei capi invisibili rappresenta il divino senza sesso. Gli assistenti non sono stati contati dall'oratore. Molte persone hanno ricevuto l'invito a partecipare a questa cerimonia ma solamente nove vi hanno risposto. E, visto che non crediamo al caso, la partecipazione è stata creata per rispondere al disegno dei nostri capi invisibili. Ciò può essere considerato come l'espressione del potere spirituale che è alla base di questo movimento, nel caso fosse necessaria un'altra prova della fenomenale propagazione degli insegnamenti rosacrociani, giunti in tutti i paesi del mondo nel corso di questi ultimi anni suscitando l'approvazione, l'ammirazione e l'amore nei cuori delle persone di ogni genere e in particolare negli uomini.

We pay particular attention to this fact as while other religious movements are mainly composed of women, men are the majority in the Rosicrucian Association. It is equally significant that the number of doctors amongst ours members is more than those of other professions and with churchmen following. This proves that those who have the privilege of healing suffering bodies are conscious of the fact that spiritual causes create physical weaknesses, and that they want to learn of these causes to be able to become more efficient in healing patients. This also shows that those with the responsibility of easing moral suffering endeavour to give a reasonable explanation for spiritual mysteries to suffering persons who want to understand. This reinforces their shaky faith and strengthens their relationship with the church instead of giving them dogmatic and categorical answers that are unacceptable for reason and will give way to a great deal of scepticism leading those seeking the light far from the church's haven and sinking them in the darkness materialistic despair. Noi insistiamo su questo fattore singolare; a differenza degli altri movimenti religiosi, principalmente composti da donne, l'Associazione Rosacrociana conta una maggioranza di uomini. È allo stesso modo significativo che il numero di coloro che svolgono il mestiere di medico fra i nostri membri supera il numero delle altre professioni e degli uomini di Chiesa. Ciò prova che coloro che hanno il privilegio di curare i corpi sofferenti, sono coscienti del fatto che alcuni problemi fisici sono dovuti a delle cause spirituali, e cercano di scoprire quali siano queste cause per poter aiutare di maniera più efficace i malati. Questo dimostra anche che coloro che s'incaricano d'alleviare le sofferenze morali, si sforzano anche di dare una spiegazione concreta dei misteri spirituali alle persone disposte a capire. In questo modo essi aiutano i malati a fortificare la loro fede vacillante ed il loro legame con la Chiesa, invece di dargli risposte categoriche e dogmatiche, inaccettabili per la ragione, che spianeranno la strada al mare ribollente dello scetticismo, conducendo colui che cerca la luce lontano dal rifugio della Chiesa ed immergendolo nelle tenebre della disperazione materialista.

L'Associazione Rosacrociana ha già avuto il privilegio benedetto di salvare numerosi ricercatori sinceri e desiderosi di sapere ma incapaci di credere a ciò che sembrava diverso dalla ragione. Dopo aver ricevuto le logiche spiegazioni circa l'armonia sottostante tra le dottrine diffuse dalla chiesa e le leggi della natura, questi hanno rivalutato la loro posizione in merito alla Chiesa e sono diventati dei praticanti migliori e più forti di quanto non lo fossero prima.

Perché duri ogni movimento deve possedere tre qualità divine: la Saggezza, la Bellezza e la Forza. La Scienza, l'Arte e la Religione posseggono queste qualità in misura diversa. L'obiettivo dell'Associazione Rosacrociana è di raccoglierle ed armonizzarle attraverso l'insegnamento di una religione allo stesso tempo scientifica e artistica, che unisca tutte le Chiese sotto una Grande Fratellanza Cristiana. Oggi l'orologio del destino indica che questo è il momento propizio per intraprendere la costruzione di un centro visibile da cui gli insegnamenti rosacrociani potranno diffondere la loro influenza benefica e favorire il benessere di tutti quelli che soffrono fisicamente, mentalmente o moralmente.

Pertanto solleviamo una zolla di terra nel luogo della costruzione e preghiamo che la Saggezza conduca questa grande Scuola nella giusta direzione. Rivoltiamo la terra una seconda volta e preghiamo che il Maestro Artista ci dia la capacità d'illustrare la Bellezza della vita Superiore in modo che tutta l'umanità ne sia attratta. Rivoltiamo la terra una terza ed ultima volta, recitando una preghiera per ottenere la Forza di svolgere un buon lavoro con pazienza e costanza. perché esso possa durare e diventare, rispetto ai suoi precursori, il più grande fattore di sviluppo spirituale.

Una volta rivoltata la terra nel posto in cui sarà ubicato il primo edificio, procederemo a piantare il meraviglioso simbolo della vita e dell'essere, l'emblema composito della Scuola Occidentale dei Misteri. Esso comprende la Croce, che rappresenta la materia, e la Rosa rampicante che l'avvolge, a significare che la vita si evolve e si spinge sempre più in alto attraverso questa crocifissione. Ciascuno dei nove membri darà il suo contributo scavando la terra per piantare il primo ed il più grande ornamento del Mount Ecclesia. Pianteremo la croce indirizzando i suoi bracci in direzione est ed ovest e il sole di mezzogiorno proietterà la sua ombra verso nord. La rosa si troverà nell'asse delle correnti spirituali che nutrono i quattro regni della vita: il regno minerale, il regno vegetale, il regno animale e quello umano.

Noterete sui bracci e sull'estremità superiore della croce tre lettere in oro: C-R-C, le iniziali del nostro maestoso capo: Christian Rosenkreuz o Christian Rosa-Croce. Il simbolismo di questa croce è in parte spiegato in alcuni passi della nostra letteratura, anche se sarebbero necessari interi libri per darne un'interpretazione esaustiva. Vediamo ora in maniera più approfondita il significato di questo meraviglioso argomento di studio.

Quando vivevamo nella pesante atmosfera acquatica dei primi tempi di Atlantide, eravamo sottomessi a leggi completamente differenti da quelle che ci governano oggi. Non provavamo alcuna sensazione nel lasciare andare il nostro corpo fisico perché la nostra coscienza era immersa più nel mondo spirituale che in quello della materia densa. La nostra vita era un'esistenza ininterrotta. Non conoscevamo né la vita e né la morte.

Una volta entrati nella vita in superficie dell'attuale mondo dell'Ariana, la nostra coscienza del mondo spirituale si è indebolita, mentre quella della forma materiale è diventata più forte. È cominciata allora una doppia esistenza, le cui fasi si sono differenziate tra loro per gli eventi della nascita e della morte. Una di queste fasi corrisponde alla vita libera dello Spirito nei regni celesti e l'altra corrisponde all'imprigionamento all'interno di un corpo terreste, che rappresenta la morte dello Spirito. Questa storia è simboleggiata dal mito greco dei gemelli celesti Castore e Polluce.

In diversi passi della nostra letteratura è stato spiegato come lo Spirito libero è stato imprigionato nella materia a causa dei complotti degli Spiriti Luciferi, considerati da Cristo come delle luci ingannevoli. Ciò accadeva nell'ardente Lemuria, Lucifero può infatti essere chiamato Genio della Lemuria.

Gli effetti di questo cambiamento non vennero notati fino all'Era di Noè, che comprende l'ultimo periodo di Atlantide e l'attuale periodo di Ariana. L'arcobaleno, che non poteva generarsi nelle precedenti condizioni atmosferiche, fu dipinto nel cielo come un messaggio mistico quando l'umanità entrò nell'Era di Noè, in cui la legge dei cicli alterni dava origine a flussi e riflussi, all'estate e all'invero, alla nascita e alla morte. Durante quest'Era, lo Spirito non riuscì a fuggire alla morte del corpo, generata dalla passione satanica indotta da Lucifero. I suoi continui sforzi per ritornare alla casa celeste fallirono a causa della legge di periodicità in quanto, una volta liberatosi dal corpo attraverso la morte, lo Spirito fu costretto a rinascere e dare inizio ad un nuovo ciclo.

Ma le bugie e l'illusione non possono durare a lungo, motivo per cui il Redentore apparve per purificare il sangue colmo di passione, per predicare la verità e liberarci da questo corpo mortale, per inaugurare l'immacolata concezione spiegata per sommi capi dall'ingegneria genetica, per annunciare una nuova Era, un nuovo Cielo e una nuova Terra, di cui Lui, la vera Luce, sarà il Genio. In quest'Era avrebbero regnato la giustizia e l'amore a cui tutti aspirano.

Tutto questo, e la maniera di raggiungerlo, è simboleggiato dalla rosa-croce che si trova davanti a noi. Il rosaio, la cui linfa che contiene la vita dorme d'inverno ed è in piena forza l'estate, illustra perfettamente la legge dei cicli alterni. Il colore del suo fiore, l'organo generatore, somiglia al nostro sangue, ma la linfa che circola nella pianta è pura ed il seme che viene prodotto è immacolato e senza passione.

Quando avremo raggiunto la purezza della vita così simboleggiata, saremo allora liberi dalla croce della materia e vivremo nelle condizioni eteree della nuova Era. L'obiettivo dell'Associazione Rosacrociana è di arrivare presto a quei giorni felici in cui non ci saranno più dispiacere, dolore, peccato e morte. Saremo allora liberi dalle illusioni affascinanti ed intriganti della materia, ma prenderemo coscienza della suprema verità: la realtà dello Spirito. Possa

Dio incoraggiare e sostenere i nostri sforzi.

Il tempo era perfetto, come capita spesso nel sud della California. Dopo la cerimonia, i cinque uomini e le quattro donne ritornarono nel piccolo cottage che avrebbe accolto il signor e la signora Heindel e le due signore che li aiutavano durante il periodo di costruzione del primo edificio ad Oceanside. Fu servito un pasto leggero e più tardi i visitatori tornarono a casa, lasciando i quattro abitanti stanchi, ma colmi di speranza, alle prese con pulci e topi.

L'indomani mattina di buon'ora Max Heindel indisse una riunione coi carpentieri e si fece condurre dal proprietario dei carri, al terreno su cui avrebbe avuto luogo la costruzione, distante circa due chilometri. Rollo Smith, che a causa di un'infezione polmonare era stato in convalescenza per diversi mesi, ci offrì il suo aiuto; così affittammo una stanza per lui nel vicinato. Max Heindel e Rollo Smith lavoravano sul terreno dell'Associazione tutto il giorno, mentre le tre signore stavano nel cottage e rispondevano senza sosta alle numerose lettere e agli ordini dei libri.

Nonostante l'immensa quantità di lavoro da svolgere, nello stesso periodo arrivarono da Ocean Park gli avvisi di ricezione dei tomi della prima edizione dei Misteri Rosacrociani e della seconda edizione della Cosmogonia dei Rosa-Croce. I libri, spediti da Los Angeles, erano finalmente giunti ad Ocean Park, ma furono rispediti a Los Angeles per essere trasferiti ad Oceanside. Gli editori aspettavano quei libri con impazienza, in quanto i loro ordini

erano in giacenza già da ben tre mesi. Il problema della
signora Heindel, a quel punto, era di dover trovare in una
piccola casa di quattro stanze occupata da quattro persone
lo spazio necessario in cui poter conservare i quattro mila
volumi e poterli preparare per la spedizione.

Quando le scatole piene di libri arrivarono, furono deposi-
tate in un capannone lontano qualche isolato e collegato
al cottage da una stradina. Le donne aprirono le scatole
ed i libri furono trasportati nella casa secondo il numero
di richieste per essere confezionati e rispediti. Dopo aver
confezionato un gran numero di opere, fu necessario re-
capitarle ad un corriere o alla Posta prioritaria, in una di
quelle vecchie carrozze col sedile posizionato in alto, train-
ate da un vecchio cavallo.

Il giorno in cui furono caricati i pacchi, la signora Heindel
dovette accompagnare il vecchio cocchiere all'ufficio del
corriere, saltando in carrozza con lui. Al momento di scari-
care tutti i pacchi all'ufficio consegne della stazione di
Santa Fe il povero impiegato, che non aveva mai avuto a
che fare con così tanti pacchi prima di quel momento, fu
talmente colto alla sprovvista ed impacciato che la signora
Heindel, per evitare che nessun pacco venisse smarrito, fu
costretta ad occuparsi personalmente della registrazione
dei pacchi nei verbali dell'ufficio.

Quei libri rivelarono agli abitanti di Oceanside la natura
del lavoro che si stava compiendo nella loro città. Fino a

quel momento nessuno immaginava di cosa si trattasse, ma quando la Posta ed i corrieri cominciarono ad essere inondati da pacchi da a spedire e distribuire, i curiosi cominciarono ad indagare, in quanto ad Oceanside c'erano pochi stranieri e quei pochi non erano i benvenuti. La città si era sviluppata attorno a poche famiglie che stringevano legami di matrimonio tra loro e quando qualcuno non era imparentato con qualcuna di queste, non veniva visto di buon occhio. Questa maniera di vedere le cose fu chiara quando un giorno un nuovo arrivato chiese a uno degli associati delle più grandi aziende d'affari: «Non è forse positivo che gli stranieri vengano ad abitare qui? «L'uomo d'affari rispose: «Oh no! Non vogliamo che in mezzo a noi ci siano degli stranieri, si stava così bene quando tutti si conoscevano, ci sentivamo come una grande famiglia.» Nella loro nuova città, Max e Augusta erano considerati estranei ed inopportuni.

Le tre signore continuavano il loro lavoro ad Oceanside, mentre Max Heindel, che disponeva ora di una Bedalia nuovamente funzionante, e Rollo Smith, col loro pranzo a sacco, andavano alla volta dell'arido terreno per partecipare alla costruzione della Sede Internazionale della Fratellanza Rosacrociana.

Max Heindel, con indosso un modesto completo di velluto marrone pagato dieci dollari, lavorava assieme ai carpentieri come un qualsiasi operaio. Per fortuna quello fu un periodo in cui il suo cuore non diede tanti problemi, ma la sua energia e la sua ambizione lo spingevano a dare il meglio di sé, quindi lui tendeva a sovraffaticarsi. Era così contento e desideroso di fare avanzare i lavori, che lavorava otto ore al giorno assieme a carpentieri, pittori ed asfaltatori. La sera tornava stanco e affamato, ma pieno di gioia. Uno degli aspetti più belli di Max Heindel era che in ogni momento trasmetteva buonumore e gentilezza e, nonostante la fatica, egli lavorava sempre cantando con la sua bellissima voce.

Dopo ventotto giorni di lavoro, il primo edificio fu pronto per essere occupato dai cinque membri lavoratori dell'Associazione. La maggior parte dei mobili furono fabbricati da Rollo Smith. Aveva costruito i tavoli e i mobili per l'ufficio e la sala da pranzo; persino i tavoli delle stanze di Max ed Augusta Heindel furono fabbricate in legno di sequoia. Fu necessario aspettare quasi un anno prima che le nostre finanze ci permettessero d'acquistare dei veri mobili e molti dei vecchi poi furono conservati per diversi anni. I cinque lavoratori furono contenti di poter andare ad abitare in quel posto che, seppur non completamente ultimato, era privo di pulci e topi.

Alla vigilia del Ringraziamento del 1911, i mobili in legno non erano ancora stati dipinte e le finestre non erano ancora state installate neanche nelle stanze che sarebbero state occupate di lì a poco. Il resto dell'edificio era ancora aperto, privo di porte e finestre. Il chiaro di luna illuminava le camere senza tende e, quando ci installammo, durante la notte sentivamo i coyote ululare alla luna. Talvolta ce n'erano dai quindici ai venti. Il coyote è una piccola specie di lupo dell'Ovest dell'America del Nord che attacca raramente gli umani ma è molto pericolosa per i piccoli animali domestici.

A partire da quel momento i dirigenti dell'Associazione Rosacrociana dovettero cominciare la loro vera costruzione, una costruzione spirituale e, come per mettere le fondamenta di un edificio bisogna scavare in profondità, essi avrebbero dovuto lavorare altrettanto duramente, come veri pionieri. L'edificio che dovevano occupare non era del tutto finito perché il signor Smith non poté restare abbastanza a lungo per completarlo. Appena furono installate le porte e le finestre e che furono costruiti i mobili in legno per l'ufficio, la cucina e la sala da pranzo, egli dovette ritornare a Los Angeles per occuparsi di sua moglie, che era malata.

Fu costruita una grande stanza da adibire ad ufficio e la parte Est del palazzo costituì l'appartamento con due camere, separate da un armadio per i vestiti e la biancheria. Furono costruiti dei letti ribaltabili utilizzando delle basi montate su gambe centimetri con rotelle alte dieci centimetri, così che potessero scivolare sotto il guardaroba da entrambi i lati. Di notte le stanze erano utilizzate dal signor e dalla signora Heindel per dormire e di giorno venivano utilizzate come soggiorno e studio in cui ricevere i visitatori o compiere le loro attività di scrittura.

In quella regione lontana da tutto, però, non c'erano né gas né elettricità e. ogni volta che qualcuno dei residenti di quel nuovo Centro voleva fare un bagno. l'acqua doveva essere riscaldata su un fornello a gas e portata dalla cucina alla sala da bagno passando per la sala da pranzo.

La parte centrale di quel lungo edificio era occupata da una sala da pranzo e una cucina, il piano superiore contava invece cinque camere non ancora state terminate. Ciascuna di esse aveva un letto, un umile tavolo ed un tavolino da toeletta. I mobili in legno dell'ufficio, costruiti dal signor Smith, furono dipinti di marrone con quello che era rimasto della tintura utilizzata per ricoprire l'esterno della costruzione.

L'edificio, dunque, fu occupato alla vigilia del giorno del Ringraziamento. Le due aiutanti, la signora Ruth Beach e la signora Rachel Cunningham, partirono l'indomani mattina per passare la cena del Ringraziamento con i loro parenti e amici, mentre il signor e la signora Heindel restarono e mangiarono una zuppa di legumi, data la scarsità di vivande in quel periodo.. La macchina Bedalia, infatti, era finita ancora una volta in riparazione ed il droghiere si era rifiutato di spedire della merce così lontano ; dunque in quei giorni dovemmo fare molta attenzione alla gestione del cibo rimastoci.

Quelle due persone, con tutte le loro energie, passarono il loro giorno del Ringraziamento a dipingere e sistemare i mobili dell'ufficio, affinché il vero lavoro potesse cominciare il lunedì successivo, al ritorno delle due assistenti.

LA SEDE MONDIALE
DELL'ASSOCIAZIONE ROSACROCIANA

Prima Riunione dei Candidati

Il 25 maggio 1913, esattamente una settimana prima dell'apertura della Scuola d'estate Max Heindel informò la sua compagna che l'Istruttore voleva che organizzassimo senza più tardare delle riunioni per i candidati e gli chiese se potesse preparare lo stemma per la sera stessa. Un falegname aveva costruito due croci e la signora Heindel aveva dipinto una delle due. Là croce da una parte era nera senza bordi e dall'altra bianca con bordi. Ma Max Heindel dichiarò che adesso avevamo bisogno di una croce bianca pura, con sopra sette rose rosse e delle rose bianche. Pertanto egli dipinse la seconda croce interamente di bianco. Dopodiché lei assemblò tutti gli elementi tra cui tre rose bianche che avrebbe raccolto in uno dei rosai.

Sistemò questo stemma nel suo ufficio e ad inizio serata attaccò le tre rose bianche mezze sbocciate al centro della ghirlanda di rose rosse. Alle sette di sera i candidati successivi erano presenti (alcuni di loro erano venuti ad aiutarci per l'apertura della Scuola d'estate): il signor Mason, Alice Gurney, Flora Kyle, Philippe Grell, Rollo Smith, Fred Carter, Eugene Muller, Max Heindel e Augusta Foss Heindel. Ancora una volta erano presenti nove persone, come era successo per la cerimonia del «primo scavo» e secondo la numerologia «la Compagnia Rosacrociana» rappresenta il numero nove.

I nove candidati qua sopra erano seduti in silenzio a

meditare quando all'improvviso le tre rose bianche cominciarono a muoversi. Una di loro scivolò verso il basso ma nella caduta rimase attaccata ad una foglia e restò sospesa. Adesso non restava che una sola rosa bianca al centro della ghirlanda di rose rosse. Sarebbe poco dire che i nove membri rimasero stupefatti. Le vibrazioni erano diventate talmente grandi nella stanza che alcune persone rimasero incantate. Una potente presenza si faceva sentire. Ad un certo punto Max Heindel tentò di alzarsi per parlare ma rimase sconvolto, la voce gli mancava e le lacrime gli scendevano dagli occhi. Tutti gli assistenti erano convinti che il Terzo Fratello fosse presente (Christian Rosenkreuz) nel suo corpo fisico. Possiamo affermare che nessuno di loro dimenticherà mai quell'incontro. Dopo alcune parole di Max Heindel essi si allontanarono in silenzio senza dire nulla. Tutti ebbero la sensazione di essere stati in presenza di un Essere di grande santità (a Holy One).

I CORSI DI MAX HEINDEL

Amore ed Entusiasmo

Gli studenti avevano talmente tanto apprezzato i corsi di Max Heindel che quest'ultimo era diventato prigioniero del loro amore e del loro entusiasmo. Non poteva attraversare tranquillamente la proprietà perché era sempre seguito da qualcuno che gli voleva fare delle domande. Gli studenti erano così contenti e desiderosi di conoscenza che talvolta dimenticavano che Max Heindel aveva bisogno di non essere disturbato, come quando in mano aveva una chiave inglese e andava a fare un lavoro di riparazione. Egli era infatti elettricista ed idraulico nella stessa misura in cui era tipografo e scrittore. In verità era un uomo che sapeva fare tutto, svolgeva ogni tipo di compito, lavava persino i piatti e spazzava il pavimento.

DISCOVERY PUBLISHER